Die Rentenlücke schließen

Welche Zusatzrente ist für Sie die beste?

Werner Siepe

Akademische Arbeitsgemeinschaft | Mannheim

© 2021 by Akademische Arbeitsgemeinschaft Verlagsgesellschaft mbH
Postfach 10 01 61 · 68001 Mannheim
Telefon 0621/8626262
Telefax 0621/8626263
www.akademische.de

1. Auflage

Stand: Juli 2021

Das Werk einschließlich seiner Teile ist urheberrechtlich geschützt. Jede Verwertung außerhalb der Grenzen des Urheberrechtsgesetzes ist ohne Zustimmung des Verlags unzulässig. Das gilt insbesondere für die Vervielfältigung, Übersetzung, Mikroverfilmung sowie Einspeicherung und Verarbeitung in elektronischen Systemen.

Alle Angaben wurden nach genauen Recherchen sorgfältig verfasst; eine Haftung für die Richtigkeit und Vollständigkeit der Angaben ist jedoch ausgeschlossen.

Zum Zwecke der besseren Lesbarkeit verwenden wir allgemein die grammatisch männliche Form. Selbstverständlich meinen wir aber bei Personenbezeichnungen immer alle Menschen unabhängig von ihrer jeweiligen geschlechtlichen Identität.

Redaktion: Dr. Torsten Hahn, Benedikt Naglik, Michael Santak

Geschäftsführer: Christoph Schmidt, Stefan Wahle

Layout und Umschlaggestaltung: futurweiss kommunikationen, Wiesbaden

Bildquelle: ©deagreez - stock.adobe.com

Printed in Poland

ISBN 978-3-96533-158-7

Alternative Streitbeilegung (Online-Streitbeilegung und Verbraucherschlichtungsstelle)
Die Europäische Kommission hat eine Plattform zur Online-Streitbeilegung eingerichtet, die unter folgendem Link abgerufen werden kann: www.ec.europa.eu/consumers/odr.
Wolters Kluwer ist nicht bereit und nicht verpflichtet, an Streitbeilegungsverfahren vor einer Verbraucherschlichtungsstelle teilzunehmen.

Vorwort

Die Rente sinkt. Das ist längst beschlossene Sache. Nach der Bundestagswahl 2017 verständigten sich die Regierungsparteien CDU, CSU und SPD darauf, das **Bruttorentenniveau** bis 2025 auf **48 %** des Bruttodurchschnittslohns festzuschreiben und danach bis zum Jahr 2030 auf **43 %** zu senken.

Wie es danach weitergehen wird, hängt u. a. von der demografischen Entwicklung ab. Fest steht, dass die starken Geburtsjahrgänge der 1960er-Jahre, die **Babyboom-Generationen,** in Rente gehen werden und die nachfolgenden **Pillenknick-Generationen** mit immer höheren Beiträgen zum Umlagesystem der gesetzlichen Rente herangezogen werden – doch sicherlich nicht unbegrenzt.

Deshalb empfehlen Rentenpolitiker aller Parteien einschließlich der Deutschen Rentenversicherung, das künftige Einkommen aus gesetzlicher Rente durch **zusätzliche** Einnahmen aus **staatlich geförderten Vorsorgeprodukten** zu ergänzen.

Das dazu entwickelte »**Drei-Säulen-Modell**« aus gesetzlicher Rente, Riester-Rente und betrieblicher Altersvorsorge soll ein Gesamtversorgungsniveau auf der Höhe des vormaligen Rentenniveaus sicherstellen.

Dabei stellen sich **für jeden von uns** zwei Fragen. Erstens: **Welche Vorsorgeform bringt mir am meisten?** Und zweitens: **Wie viel Geld muss ich eigentlich für meinen Ruhestand auf die hohe Kante legen?**

Der **Finanzmathematiker Werner Siepe** antwortet in diesem kompakten Ratgeber auf die erste Frage: Das hängt von Ihrem Familienstand, Ihrer Kinderzahl und Ihrem Einkommen ab. Dazu stellt er die **Grundlagen** der unterschiedlichen **Vorsorgeangebote** vor und rechnet durch, welche Gruppe unter welchen Bedingungen wovon am meisten profitiert. Daraus ergeben sich geeignete **Auswahlkriterien für Ihre Altersvorsorge.**

Die Antwort auf die zweite Frage hängt entscheidend vom aktuellen Einkommen ab, da die zu schließende **Rentenlücke** paradoxerweise **umso größer** wird, **je mehr man verdient.** Wenn Sie z.B. regelmäßig 2.000,- € netto verdienen, können Sie mit einer gesetzlichen Rente von rund 1.000,- € netto rechnen. Da Ihr monatlicher **Versorgungsbedarf** im Ruhestand auf etwa 80 % sinkt, also auf 1.600,- €, müssen Sie **600,- €** aus zusätzlichen Finanzquellen schöpfen. Das entspricht einem verfügbaren Altersvermögen von ungefähr **150.000,- €** gemäß aktuellem Preisniveau.

Wenn Sie z.B. jedoch regelmäßig über der Beitragsbemessungsgrenze zur Rentenversicherung verdienen, also etwa ab **5.000,- €** netto, wird Ihre gesetzliche Rente bei rund 2.500,- € netto liegen. Ihr Bedarf läge bei rund 4.000,- €, sodass Sie monatlich **1.500,- €** zusätzlich zur Verfügung haben müssten, also ein Kapital von ungefähr **375.000,- €.**

Die Schlussfolgerung des **Rentenexperten Werner Siepe:** Sinnvoll ist es – unabhängig von der im Einzelfall geeigneten Vorsorgeform –, **möglichst früh** mit dem Sparen zu beginnen und angesichts der Niedrigzinspolitik vor allem auf **aktienbasierte Kapitalanlagen** zu setzen.

Dabei stellen auch die Verrentung des Eigenheims und die **Immobilienrente** aus Vermietung mögliche Vorsorge-Optionen dar, auf die Werner Siepe näher eingeht.

Zudem sind in den vergangenen Jahren **Extrabeiträge zur gesetzlichen Rentenversicherung** immer attraktiver geworden, mit denen sichere Renditen von 2–3 % erzielbar sind. Sie runden diesen umfassenden Überblick über die Vor- und Nachteile der zusätzlichen Altersvorsorgeformen sinnvoll ab.

Eine anregende Lektüre wünscht

Ihre Redaktion

Inhalt

1 WELCHE ZUSATZRENTE IST FÜR SIE DIE BESTE? 7
   1.1 Von der Altersvorsorge zur Altersversorgung. 7
   1.2 Alterseinkünfte: Renten, Pensionen und sonstige Einkünfte 12
   1.3 Alterseinkünfte aus Vermögen 13
   1.4 Rentenübersicht. 16
   1.5 Kranken- und Pflegekassenbeiträge im Rentenalter 21
   1.6 Renten und Steuern. 27
   1.7 Nettogesamtrente und Inflation 35

2 GESETZLICHE ZUSATZRENTE: EXTRABEITRÄGE KÖNNEN SICH LOHNEN. 37
   2.1 Wege zur Frührente. 38
       2.1.1 Abschlagsfreie Frührenten ab 63 41
       2.1.2 Abschlagspflichtige Frührenten mit 63 45
   2.2 Ausgleichsbeträge für mindestens 50-Jährige 49
   2.3 Nachzahlungsbeträge für unter 45-Jährige 55
   2.4 Freiwillige Beiträge für Nicht-Pflichtversicherte. 56
   2.5 Rendite der gesetzlichen Rente 63

3 BETRIEBSRENTE: ZUSCHÜSSE VOM CHEF SICHERN. 69
   3.1 Verbreitung der betrieblichen Altersvorsorge................ 69
   3.2 Entgeltumwandlung als betriebliche Altersvorsorge 73
       3.2.1 Brutto-Entgeltumwandlung (»Eichel-Förderung«) 74
       3.2.2 Netto-Entgeltumwandlung (»Riester-Förderung«) 75
   3.3 Auswahlkriterien: Worauf es ankommt 75
       3.3.1 Direktversicherungen und Pensionskassen als Anbieter.. 76
       3.3.2 Rechnungsgrundlagen (Zinssätze, Kosten, Sterbetafel) .. 79
       3.3.3 Reine Altersrente oder mit Zusatzabsicherungen 80
       3.3.4 Zuschüsse des Arbeitgebers. 81
   3.4 Entgeltumwandlung und Sozialversicherung 82
       3.4.1 Sozialabgabenersparnis in der Beitragsphase 84
       3.4.2 Nachteile der Sozialabgabenersparnis 85
       3.4.3 Pro und kontra sozialabgabenfreie Entgeltumwandlung . 86
   3.5 Beitrags- und Leistungszusagen bei Betriebsrenten 87

| Inhaltsverzeichnis

    3.6 Betriebsrenten nach Ausscheiden aus dem Unternehmen 94
          3.6.1 Übertragung des Kapitals auf neuen Arbeitgeber 94
          3.6.2 Beitragsfreistellung oder private Weiterführung 94

4 PRIVATRENTE: STEUERVORTEILE BEI DER AUSZAHLUNG 97
    4.1 Klassische private Rentenversicherung 97
          4.1.1 Aufgeschobene Rente nach laufenden Beiträgen 98
          4.1.2 Aufgeschobene Rente nach Einmalbeitrag 100
          4.1.3 Kapitalauszahlung statt lebenslanger Rente 100
          4.1.4 Sofortrente gegen Einmalbeitrag 100
    4.2 Fondsgebundene private Rentenversicherung 101
          4.2.1 Fondsgebundene private Rentenversicherung mit ETFs 102
          4.2.2 Kapitalauszahlung statt lebenslanger Rente 109
    4.3 Lebenslange Renten nach Immobilienverkauf 111
    4.4 Zeitrenten bei Auszahlplänen 117

5 RIESTER-RENTE: LUKRATIVE ZULAGEN FÜR FAMILIEN 125
    5.1 Staatliche Förderung in der Beitragsphase 126
    5.2 Höhe und Arten der Riester-Rente........................ 132
    5.3 Klassische Riester-Rentenversicherung 138
    5.4 Riester-Fondssparplan 141
    5.5 Riester-Banksparplan 147
    5.6 Wohn-Riester.. 148
    5.7 Betriebliche Riester-Rente 149

6 RÜRUP-RENTE: STEUERVORTEILE BEI DER EINZAHLUNG..........153
    6.1 Basis- bzw. Rürup-Rente nicht nur für Selbstständige......... 153
    6.2 Steuerregeln wie bei der gesetzlichen Rente 156
    6.3 Klassische Rürup-Rentenversicherung...................... 159
    6.4 Fondsgebundene Rürup-Rentenversicherung................. 163
    6.5 Rürup-Fondssparplan mit ETFs 164
    6.6 Wann sich die Rürup-Rente lohnen kann 167
    6.7 Anbieterwahl: Die besten Rürup-Rentenversicherungen 169
    6.8 Produktwahl: Rürup-Versicherung oder Rürup-Fondspolice?.. 170
    6.9 Rentenwahl: Reine Altersrente oder mit zusätzlicher
          Hinterbliebenen- oder Erwerbsunfähigkeitsrente? 172
    6.10 Rürup-Rente im Vergleich zu Riester-, Betriebs- und
          Privatrente 174

INDEX...177

1 Welche Zusatzrente ist für Sie die beste?

Finanziell sicher und gut versorgt im Alter – wer will das nicht? Der Weg zu mehr Rente ist das Ziel, denn außer der **gesetzlichen Rente** als Basis gibt es eine Fülle von weiteren Renten wie **Betriebsrente, Privatrente, Riester-Rente** und **Rürup-Rente**. Beamte erhalten eine Pension und Freiberufler eine berufsständische Rente.

Auch für Ihre Altersvorsorge und Ihre künftige Rente gilt der Spruch: Viele Wege führen nach Rom. Die wichtigsten Wege heißen **gesetzliche, betriebliche** und **private** Altersvorsorge. Es gibt nicht den einzig richtigen Weg zur finanziellen Sicherheit im Alter, sondern ein **Sowohl-als-auch** sollte die Leitlinie bei der Auswahl Ihres Wegs zu mehr Rente sein.

Mit **mehr Beiträgen** lassen sich **zusätzliche Renteneinkünfte** erzielen. Das können Extrabeiträge zur gesetzlichen Rente, Beiträge zur Entgeltumwandlung in der betrieblichen Altersvorsorge oder Beiträge für eine künftige private Rente sein. Zudem können Sie weitere Alterseinkünfte aus Kapitalvermögen oder vermieteten Immobilien erzielen.

Als Entscheidungsgrundlage für die Altersvorsorge lohnt es sich, einen Überblick über die bereits erreichten Renten- und Pensionsanwartschaften sowie die aktuellen Vermögensbestände zu gewinnen, indem Sie alle bestehenden Versorgungsansprüche und Vermögenswerte auflisten und summieren.

1.1 Von der Altersvorsorge zur Altersversorgung

Eine sichere und **lukrative Altersversorgung** setzt immer eine **zielgerichtete Altersvorsorge** voraus. Ähnlich wie bei der Gesundheit spielt die Vorsorge auch bei den Finanzen eine große Rolle. Dabei sollte sich Ihr Blick aber nicht allein auf die künftigen **Alterseinkünfte** wie Rente oder Pension richten, sondern auch auf den Aufbau von **Altersvermögen** über Zinsanlagen, Aktien und Immobilien.

1 | Welche Zusatzrente ist für Sie die beste?

Wohlhabende und reiche Ruheständler zeichnen sich dadurch aus, dass sie im Alter hohe **laufende Nettoeinkünfte** haben und darüber hinaus über ein **ansehnliches Altersvermögen** als dauerhaften Schatz verfügen, das sie dann noch vererben können.

Der Weg ist das Ziel, soll Konfuzius gesagt haben. Wenn die beste Altersversorgung Ihr finanzielles Ziel ist, erfordert es die **rechtzeitige Weichenstellung** zur Erreichung dieses Ziels.

Alters**versorgung** im Ruhestand darf also nicht mit Alters**vorsorge** in der aktiven Berufsphase verwechselt werden. Der Altersversorgung über rund 20 Renten- bzw. Pensionsjahre geht in aller Regel eine zeitlich sehr viel längere **Ansparphase** für die Altersvorsorge von meist 30, 35 oder gar 40 Jahren voraus.

Typischerweise unterscheidet man **drei Säulen** der Altersvorsorge, wie folgende Abbildung zeigt.

Abbildung 1: drei Säulen der Altersvorsorge

Sicherungsfunktion	Arbeitnehmer		Beamte, Richter, Berufssoldaten
	Privatwirtschaft	öffentlicher Dienst	
Regelsicherung 1. Säule	gesetzliche Rentenversicherung		Beamtenversorgung
Zusatzsicherung 2. Säule	betriebliche Altersversorgung	Zusatzversorgung öff. Dienst	
private Altersvorsorge 3. Säule	eigenverantwortliche Altersvorsorge (z.B. Riester-Rente oder Rürup-Rente)		

Quelle: frei nach dem Alterssicherungsbericht 2020 der Bundesregierung

Gesetzliche, betriebliche und private Altersvorsorge zielen laut obiger Abbildung ausschließlich auf **lebenslange Alterseinkünfte,** also laufende Leibrenten und Ruhegelder auf Lebenszeit. Gemeint sind also Rentner und Pensionäre. Nebenbei bemerkt: Diese Begriffe gelten in diesem Ratgeber für alle Geschlechter.

Rentenbeiträge im Baukastensystem

Bei insgesamt fünf verschiedenen Renten – gesetzliche Rente, Betriebsrente, Privatrente, Riester-Rente und Rürup-Rente – fällt es zuweilen schwer, vor lauter Bäumen den **Rentenwald** zu sehen. Beiträge für alle fünf Renten einzuzahlen, macht wenig Sinn. Auf der anderen Seite ist es nicht empfehlenswert, alles allein auf die gesetzliche Rente zu setzen. Wie beim Aufbau von Vermögen kommt es auf eine gesunde Streuung an.

Ein gesunder Kompromiss bietet sich anhand der drei Säulen zur Altersvorsorge nach dem **Baukastensystem** förmlich an. Das Fundament der Altersvorsorge für Arbeitnehmer ist die **gesetzliche Rente** (1. Säule). Diese Rente ist lohnorientiert und unabhängig vom Kapitalmarkt. Mindestens zwei Drittel der gesamten individuellen Rentenbeiträge sollten daher in die gesetzliche Rentenversicherung fließen.

Bei einem **Arbeitnehmer mit** einem bundesweit **durchschnittlichen Verdienst** (brutto rund 3.462,– € im Monat) liegt der monatliche Gesamtbeitrag zur gesetzlichen Rente im Jahr 2021 z.B. bei 644,– €, wovon Arbeitnehmer und Arbeitgeber jeweils die Hälfte und damit 322,– € tragen. Zur betrieblichen und privaten Rente könnten noch **weitere Beiträge** in Höhe von **322,– €** gezahlt werden, damit tatsächlich zwei Drittel aller Altersvorsorgebeiträge in die gesetzliche Rente sowie ein Drittel in die betriebliche und private Rente fließen. Zusammen wären das pro Monat Beiträge von insgesamt rund **1.000,– €** für Arbeitnehmer und Arbeitgeber.

Die immer noch meist zinsorientierte **Betriebsrente** (2. Säule) mit Mindestleistung könnte über eine Entgeltumwandlung von z.B. **138,– €** (= 4 % des monatlichen Durchschnittsverdiensts von 3.462,– €) genutzt werden, wozu der Arbeitgeber einen **Zuschuss** von rund **21,– €** (= 15 % von 138,– €) leistet. Somit werden monatlich **159,– €** in die betriebliche Altersvorsorge investiert.

Insgesamt leistet der Arbeitnehmer bis dahin Beiträge in Höhe von 460,- € im Monat (= 322,- € für die gesetzliche Rente und 138,- € für die Betriebsrente). Um auch die Chancen am Aktienmarkt zu nutzen, empfiehlt sich eine investmentabhängige **private Rente** (3. Säule). Beiträge dazu stammen allein aus eigenen finanziellen Mitteln. Mindestens **150,- €** im Monat sollten es schon sein für eine fondsgebundene private Rentenversicherung mit hohem Aktienanteil (z.B. ETF-Aktienindexfonds) oder für einen reinen ETF-Aktienfondssparplan. Alternativ zur Fondspolice in der privaten Rentenversicherung käme auch ein Riester-Fondssparplan oder eine Rürup-Fondspolice mit ETFs infrage.

Die Rentenbeiträge nach diesem Baukastensystem stehen somit fest: Monatliche Beiträge des **Arbeitnehmers** in Höhe von **610,- €** plus 343,- € vom Arbeitgeber ergeben zusammen 953,- € im Monat an Beiträgen. Zwei Drittel des Gesamtbeitrags von 953,- € entfallen auf die gesetzliche Rente sowie jeweils ein Sechstel auf die betriebliche Rente und die private Rente.

Je nach Risikobereitschaft und Höhe der finanziellen Mittel wird der monatliche Beitrag für die Fondsrente auch höher oder niedriger sein. Höherverdiener können entsprechend höhere Rentenbeiträge leisten und Geringverdiener niedrigere. Es kommt darauf an, dass eine **Mischung aus lohn-, zins- und investmentabhängigen Rentenbeiträgen** und späteren Rentenleistungen besteht.

Setzen Sie bei Ihren laufenden Rentenbeiträgen auf drei Rentenprodukte aus der ersten, zweiten und dritten Säule der Altersvorsorge. Lohnorientierte gesetzliche Rente als Fundament, zinsorientierte Betriebsrente mit Mindestleistung als Zusatzbaustein und investmentorientierte private Rente als Oberbau bieten eine gesunde Mischung.

Alterseinkünfte und Altersvermögen

Das ab 2005 in Kraft getretene **Alterseinkünftegesetz** (AltEinkG) regelt allein die Besteuerung von Renten und Pensionen aus der gesetzlichen, betrieblichen und privaten Altersvorsorge. Zusätzliche Alterseinkünfte aus Vermögen (z.B. Zins-, Dividenden- und Mieteinkünfte) und deren Besteuerung kommen in diesem Gesetz nicht vor.

Das künftige **Altersvermögen** wird in fast allen Berichten über die Altersversorgung bloß stiefmütterlich behandelt. Nur sehr selten wird der Bogen zum Altersvermögen und den daraus zu erzielenden Vermögenseinkünften geschlagen. In eigener Sache oder im Interesse der Kinder und Enkelkinder »Kapitalist« zu sein, kann aber auf keinen Fall schaden.

Zwar wurde bereits im Jahr 2001 das **Altersvermögensgesetz** (AVmG) verabschiedet, doch diese Bezeichnung täuscht, da es in diesem Gesetz sowie in einem Ergänzungsgesetz zum Altersvermögensgesetz (AVmEG) ausschließlich um die ab 2002 eingeführte Riester-Rente und das Recht auf eine Betriebsrente aus Entgeltumwandlung ging.

Das aus Riester-Beiträgen und Riester-Zulagen aufgebaute Riester-Kapital wird typischerweise ebenso **verrentet** wie das aus Beiträgen zur Entgeltumwandlung gebildete Kapital. Lediglich eine Teilauszahlung des Kapitals in Höhe von bis zu 30 % ist bei der Riester-Rente möglich. Bei der neuen Betriebsrente ab 2018 ist die **komplette Verrentung** sogar unbedingte Pflicht.

Entweder nur Alterseinkünfte als **Rentner** oder nur Altersvermögen als **Kapitalist** – das ist sicherlich nicht die richtige Alternative. Ein vermögensloser Rentner wird im Ruhestand genauso wenig finanziell abgesichert sein wie ein Kapitalist ohne ausreichende laufende Einnahmen. Sowohl sichere **hohe Alterseinkünfte** als auch ein **ansehnliches Vermögen** – das ist die empfehlenswerte Doppelstrategie.

Die laufenden Einnahmen sollten im Alter auf jeden Fall deutlich höher als die laufenden Ausgaben ausfallen. Ein zusätzliches Vermögen im Ruhestand bietet weitere finanzielle Sicherheit für die Wechselfälle des Lebens wie Unfall, Krankheit, Pflegebedürftigkeit oder Tod des Ehepartners.

1.2 Alterseinkünfte: Renten, Pensionen und sonstige Einkünfte

Alterseinkünfte sind nicht nur laufende Renten oder Pensionen, sondern auch sonstige Einkünfte aus Vermögen wie Zins-, Dividenden- oder Mieteinkünfte. Erst die **Gesamtheit der Alterseinkünfte** gibt Aufschluss darüber, ob der gewohnte Lebensstandard auch im Alter gehalten werden kann.

Der **Versorgungsbedarf** umfasst das Geld, das der Ruheständler zur Sicherung seines laufenden Lebensunterhalts benötigt und zur Erfüllung zusätzlicher Wünsche wünscht (z.B. Reisen oder intensive Hobbys). Da Ausgaben für bestimmte Versicherungen (z.B. Berufsunfähigkeits- und Kapitallebensversicherung) und Fahrten zum Arbeitsplatz im Ruhestand wegfallen, sinkt der Versorgungsbedarf im Vergleich zur aktiven Berufsphase.

Selbstnutzer von Einfamilienhaus oder Eigentumswohnung genießen nach völliger Entschuldung ihr **miet- und schuldenfreies Eigenheim**. Erwachsene Kinder sind aus dem Haus und müssen in aller Regel nicht mehr finanziell unterstützt werden.

Aus den genannten Gründen liegt der **Versorgungsbedarf** im Alter mehr oder weniger deutlich **unter** dem finanziellen Bedarf in der Berufsphase. Eine **Faustformel** besagt, dass ein ausreichender Versorgungsbedarf im Alter bei rund **80 %** des letzten Netto-Einkommens bei Erwerbstätigkeit vorliegt.

Da im Ruhestand berufsbedingte Kosten oder bestimmte Versicherungsbeiträge wegfallen und schuldenfreie Eigenheimbesitzer außerdem Zins- und Tilgungsbeiträge für die nun ausgelaufenen Hypothekendarlehen einsparen, reichen Netto-Alterseinkünfte in Höhe von 80 % des letzten Netto-Einkommens in aller Regel aus.

Rentenlücke rechtzeitig schließen

Vor allem geht es darum, eine **Rentenlücke** zu vermeiden. Unter Rentenlücke (auch Versorgungslücke genannt) versteht man die Lücke, die entsteht, wenn die Alterseinkünfte **unter** dem **Versorgungsbedarf** liegen. Sofern man den Versorgungsbedarf mit 80 % des letzten Netto-Einkommens ansetzt, aber nur Netto-Alterseinkünfte von 60 % hat, macht die Lücke 20 % des letzten Netto-Einkommens aus. Diese Rentenlücke gilt es, durch zusätzliche Renten zu schließen.

Liegen die Netto-Alterseinkünfte aber bei 90 % oder 100 % des letzten Netto-Einkommens und damit über dem Versorgungsbedarf, entsteht ein **Überschuss**. Dieser Überschuss kann dann als willkommene **finanzielle Reserve** angesehen werden. Sofern außerplanmäßige Ausgaben anfallen, können sie mithilfe dieser Reserve ausgeglichen werden. Das Altersvermögen müsste dann nicht angetastet werden. Es kann verschenkt oder vererbt, in Stiftungen investiert oder für andere gute Zwecke verwendet werden.

Setzen Sie Ihren Versorgungsbedarf im Alter mit mindestens 80 % Ihres letzten Netto-Einkommens an und schließen Sie mit zusätzlichen Rentenbeiträgen die Rentenlücke, wenn Ihre zu erwartenden Netto-Alterseinkünfte vermutlich unter 80 % des Netto-Einkommens im Erwerbsleben liegen werden.

1.3 Alterseinkünfte aus Vermögen

Bestimmte Alterseinkünfte wie **Zins-, Dividenden- oder Mieteinkünfte** setzen das Vorhandensein von **Altersvermögen** voraus. Das Bild mit dem Früchte abwerfenden Apfelbaum eignet sich dafür recht gut. Das Vermögen ist vergleichbar mit dem Apfelbaum, während die Vermögenseinkünfte als Früchte bzw. Ernte aus diesem Vermögen anzusehen sind.

Der **Apfelbaum** ist ein treffendes Symbol für die Schaffung von Bleibendem, das immer wieder Früchte trägt. Gepflanzt im Herbst, gefroren im Winter und aufgeblüht im Frühling, um erneut Früchte zu tragen. Im Bürgerlichen Gesetzbuch wird das Nießbrauchsrecht z.B. als Recht zur Nutzung und zur Fruchtziehung umschrieben. Das Genießen der Vermögenseinkünfte wird daher auch als **Fruchtgenuss** bezeichnet.

Ähnliches gilt für den Aufbau von Altersvermögen und den Genuss von Alterseinkünften aus Zinsanlagen, Aktienanlagen oder Immobilien. Die wohl **wichtigste Regel** beim Aufbau des Vermögens lautet: »Lege nicht alle Eier in einen Korb« oder »Setze nicht alles auf eine Karte«. Diese Anlageregel sollte Sie dazu bewegen, Ihr Vermögen zu streuen und Ihre Geldanlagen so zu mischen, dass Ihr **Anlagerisiko verringert** wird.

Faustregeln zur **Anlagemischung,** von Vermögensverwaltern und Fondsmanagern auch Streuung, Diversifikation, Asset Allocation oder Portfolio-Mix genannt, gehen üblicherweise von einer Drittelung des Vermögens aus. Schon der legendäre Baron Rothschild empfahl die Aufteilung: 1/3 Aktien, 1/3 Anleihen, 1/3 flüssige Mittel.

Unter Einbeziehung von Immobilien kann die Rothschild-Regel auf die drei Kernanlagen Aktien, Zinsanlagen und Immobilien konzentriert werden. Demzufolge gibt es dann **drei große Vermögensgruppen** bzw. Anlageklassen:

A: Aktien und Aktienfonds (z.B. börsennotierte ETF-Aktienindexfonds),
B: Banksparen (Tages- und Festgeld), Anleihen und Rentenfonds,
I: vermietete Immobilien oder Immobilienfonds.

So entsteht das **ABI-Konzept** (**A** für Aktien, **B** für Banksparen, **I** für Immobilien). Selbstverständlich sollte die Anlagemischung nicht schematisch zu je einem Drittel erfolgen. Die richtige Streuung hängt auch von Ihrem **Lebensalter** und Ihrer Anlagementalität ab. Jüngere werden einen höheren Aktienanteil halten als Ältere, da sie mögliche Kursverluste besser aussitzen können und in der Regel auch risikofreudiger sind.

Gold und andere **Edelmetalle** (Silber, Platin und Palladium) könnten als vierte Anlageklasse hinzutreten. Bei Einbeziehung von **Gold** würde sich das ABI-Konzept zum **GABI-Konzept** fortentwickeln. Gold führt aber nicht zu laufenden Zins- oder Dividendeneinkünften. Im weitesten Sinne würden auch **Rohstoffe** (Edelmetalle, Basismetalle, Öl und Agrarprodukte) zur vierten Anlageklasse zählen.

Flüssige Gelder (Liquidität bzw. Cash) in Höhe von **10 %** des Gesamtvermögens sind in jeder Lebensphase Trumpf. Für rentennahe Erwerbstätige und für Rentner könnte sich angesichts einer anhaltenden Niedrigzinsphase dann z.B. die folgende **1-2-3-4-Regel** empfehlen:

10 % Tages- und Festgelder (Liquidität, Cash),
20 % zusätzliche Zinsanlagen (z.B. Anleihen und Rentenfonds),
30 % Immobilien (z.B. Miethaus oder vermietete Eigentumswohnung),
40 % Aktien (z.B. gemanagte Aktienfonds oder ETF-Aktienindexfonds)
= **100 %** Vermögen.

Über diese 1-2-3-4-Regel lässt sich naturgemäß trefflich streiten. Sie soll auch nur eine ganz grobe **Richtschnur** für mittlere und große Vermögen sein. Der ewige Streit, ob nun Geldwerte besser sind als Sachwerte oder umgekehrt, wäre dann angesichts der aktuellen Niedrigzinsphase zu 70 % zugunsten der Sachwerte Immobilien und Aktien entschieden. 30 % in Geldwerten wie Tages- und Festgeldern sowie zusätzlichen Zinsanlagen sollten reichen. Also ist nur knapp **ein Drittel** in reinen **Geldwertanlagen** untergebracht. Die anderen gut **zwei Drittel** wandern in **Sachwertanlagen.**

Das Eigenheim, also das selbst bewohnte Ein- bzw. Zweifamilienhaus oder die selbst genutzte Eigentumswohnung, gilt zwar zu Recht als beste private Altersvorsorge überhaupt, allerdings können Sie keine laufenden Zins- oder Mieteinkünfte mit Ihren eigenen vier Wänden erzielen. Sofern Sie eine lebenslange Rente aus Ihrem

Eigenheim erhalten und gleichzeitig lebenslang in Ihren eigenen vier Wänden wohnen wollen, müssten Sie Ihr Eigenheim verrenten.

Wie Sie Ihr Geld anlegen oder in der Vergangenheit angelegt haben, hängt sehr stark von Ihrem persönlichen Risikoprofil ab. Je nach **Risikobereitschaft** lassen sich grob drei **Anlegertypen** unterscheiden:

- **vorsichtiger** Anleger (risikoscheu und defensiv, Typ »Sparer«, bevorzugt zinssichere Geldanlagen mit geringer Rendite),
- **aufgeschlossener** Anleger (risikobewusst und flexibel, »Mischtyp«, setzt auf renditestarke, aber relativ sichere Geldanlagen),
- **mutiger** Anleger (risikofreudig und offensiv, Typ »Spekulant«, bevorzugt hochrentierliche und weniger sichere Geldanlagen).

Ob Sie ein vorsichtiger, aufgeschlossener oder mutiger Anleger sind, hängt sicherlich auch von Ihrem Alter und Ihren aktuellen Einkommens- und Vermögensverhältnissen ab. Keinesfalls sollten Sie die Anlage Ihres Vermögens dem Zufall oder ausschließlich einem Finanzberater überlassen. Eine **persönliche Finanzplanung** schützt Sie zwar nicht vor Irrtümern, aber vor falschen Vorstellungen über Ihre finanzielle Zukunft.

Bilden Sie zusätzliches Vermögen, aus dem Sie im Ruhestand laufende Zins-, Dividenden- und Mieteinkünfte gewinnen.

1.4 Rentenübersicht

Wer außer der gesetzlichen Rente noch Ansprüche aus der betrieblichen und privaten Altersvorsorge hat, kann leicht den Überblick verlieren. Bei einer gesetzlichen Rente, einer Betriebsrente und zwei privaten Renten (z.B. Riester-Rente und Rente aus privater Rentenversicherung) wären es z.B. bereits insgesamt vier Renten. Da kostet es bereits Mühe, die erreichbare **Bruttogesamtrente** vor Abzug von Krankenkassenbeiträgen und Steuern zu ermitteln. Eine vollständige **Versorgungsplanung,** die auch sonstige Alterseinkünfte erfasst, müsste sogar noch darüber hinausgehen.

Renteninformation, Rentenauskunft und Standmitteilungen

Jeder über 27 Jahre alte Versicherte mit einer Beitragszeit von mindestens fünf Jahren in der gesetzlichen Rentenversicherung kennt die alljährlich versandte **Renteninformation** der **Deutschen Rentenversicherung (DRV)**. Auf der Vorderseite wird der Versicherte über die bisher erreichte Rentenanwartschaft zum jeweiligen Stichtag (z.B. zum 31.12.2020) sowie die bis zur persönlichen Regelaltersgrenze erreichbare gesetzliche Rente informiert unter der Voraussetzung, dass er künftig genauso viel im Verhältnis zum Durchschnitt aller Versicherten verdient wie in den letzten fünf Jahren.

Die Höhe der künftig erreichbaren Regelaltersrente wird zusätzlich bei Annahme einer **jährlichen Rentensteigerung** von 1 % bzw. 2 % berechnet. Es handelt sich bei allen Angaben immer nur um die jeweiligen **Bruttorenten**. Nur kurz wird darüber informiert, dass von diesen Bruttorenten noch Beiträge zur gesetzlichen Kranken- und Pflegeversicherung sowie Steuern abzuziehen sind. Auch auf **Kaufkraftverluste** durch Inflation wird nur beispielhaft hingewiesen.

Auf der Rückseite dieser Renteninformation werden die bis zum Stichtag erreichten persönlichen **Entgeltpunkte** sowie die Summe der bisher von Arbeitnehmer, Arbeitgeber und öffentlichen Stellen geleisteten Beiträge zur gesetzlichen Rente angegeben.

Alle Bruttojahresentgelte können dem **Versicherungsverlauf** laut **Rentenauskunft**, die jeder mindestens 55-jährige Versicherte alle drei Jahre von der DRV erhält, entnommen werden. Wer das 55. Lebensjahr noch nicht vollendet hat, kann jederzeit einen Antrag auf Erteilung einer solchen umfangreichen Rentenauskunft bei der DRV stellen, und zwar ganz bequem auch online.

 Fordern Sie bei der DRV online eine Rentenauskunft an, sofern Sie noch nicht 55 Jahre alt sind, und prüfen Sie den Versicherungsverlauf.

Wer auch Ansprüche aus der betrieblichen und privaten Altersvorsorge besitzt, erhält von den jeweiligen Versorgungsträgern jedes Jahr eine **Standmitteilung** über die bisher erreichten und bis zu einem bestimmten Alter erreichbaren Rentenanwartschaften. Sofern die laufende betriebliche und private Rente durch eine einmalige Kapitalleistung ersetzt werden kann, wird auch das angegeben.

Sammeln Sie sämtliche Renteninformationen und Rentenauskünfte der Deutschen Rentenversicherung sowie die Standmitteilungen der betrieblichen und privaten Versorgungsträger in einem Extra-Ordner »Altersvorsorge«. Wegen der im Laufe der Jahre anwachsenden Papierfülle ist es sinnvoll, alle zur Altersvorsorge vorliegenden Unterlagen einzuscannen und dann sicher in einer speziellen Datei aufzubewahren.

Digitale Rentenübersicht

Die bisherige Renteninformation der DRV dient auch als Grundlage für die seit Jahren immer wieder erhobene Forderung nach einer **säulenübergreifenden Renteninformation,** die alle Renteninformationen über die drei Säulen der gesetzlichen, betrieblichen und privaten Altersvorsorge zusammenfasst. Da man das künftig online und zentral erfassen möchte, hat sich dafür die Bezeichnung **Digitale Rentenübersicht** durchgesetzt.

Im Februar 2021 wurde das Gesetz zur Entwicklung und Einführung einer Digitalen Rentenübersicht («Rentenübersichtsgesetz») verkündet. Ab **Herbst 2023** soll es ein Angebot für alle künftigen Rentner geben, online und kostenlos eine individuelle Rentenübersicht über das von der »**Zentralen Stelle für die Digitale Rentenübersicht**« in Berlin noch zu schaffende Internetportal abzurufen. Dazu ist es notwendig, die persönliche Steuer-Identifikationsnummer (»Steuer-ID«) anzugeben. Die zentrale Stelle ist bei der DRV Bund angesiedelt. Für umfassenden Datenschutz soll gesorgt werden.

Die dort erhaltenen Informationen sollen **verlässlich,** verständlich und möglichst vergleichbar sein und von der zentralen Stelle klar, prägnant, übersichtlich, schlüssig und **nutzerfreundlich** aufbereitet werden. Wahrlich keine leichte Aufgabe.

Die Digitale Rentenübersicht baut auf der letzten Renteninformation der DRV und den letzten verfügbaren Standmitteilungen der anderen Versorgungseinrichtungen auf. Die Inhalte werden im **Rentenübersichtsgesetz** wie folgt aufgeführt:

- allgemeine Angaben zur Versorgungseinrichtung (z.B. Kontaktdaten),
- allgemeine Angaben zum Altersvorsorgeprodukt (z.B. Art und Zeitpunkt der Leistung),
- wertmäßige Angaben zu erreichten und erreichbaren Altersvorsorge-Ansprüchen (differenziert nach Art der Auszahlung als Einmalbeitrag oder laufende Rente sowie nach garantierten und prognostizierten Werten unter Zugrundelegung einer realistischen Einschätzung der künftigen Entwicklung),
- weitere Angaben zum Leistungsumfang (z.B. eventuell Invaliditäts- und Hinterbliebenenrente, jährliche Anpassung der Leistungen, Sozialabgaben und Steuern).

Wichtig: Die Angaben in der künftigen Digitalen Rentenübersicht beziehen sich ausschließlich auf Leistungen zur gesetzlichen Altersvorsorge (gesetzliche Rentenversicherung, Beamtenversorgung, berufsständische Versorgung für Freiberufler), betrieblichen Altersvorsorge (einschließlich Zusatzversorgung im öffentlichen Dienst) und privaten Altersvorsorge (Kapitallebensversicherung, private Rentenversicherung, Riester-Rente, Rürup-Rente).

Bei der Kapitallebensversicherung gibt es Ablaufleistungen und keine Renten. Im Unterschied dazu haben Sie in der privaten Rentenversicherung und auch in einigen Durchführungswegen der betrieblichen Altersvorsorge die Wahl zwischen einmaliger Kapitalauszahlung und lebenslanger Rente. Bei der Riester-Rente ist eine Teilkapitalauszahlung von 30 % erlaubt. Im Gegensatz dazu handelt es sich bei der gesetzlichen Rente und Rürup-Rente immer ausschließlich um lebenslange Renten. Diese Renten sind nicht kapitalisierbar und können daher grundsätzlich nicht durch eine Kapitalleistung ersetzt werden.

 Warten Sie nicht bis zum Herbst 2023 ab, um dann eine Digitale Rentenübersicht abzurufen. Erstellen Sie eine private Rentenübersicht für sich selbst möglichst schon vorher.

Zusätzliche private Renten

Nicht in der Digitalen Rentenübersicht enthalten sind lebenslange Renten beim Verkauf von Immobilien auf Rentenbasis (Immobilienleibrenten) sowie Renten aus Auszahlungs- bzw. Entnahmeplänen bei einem Kapitalverzehr über einen festgelegten Zeitraum (Zeitrenten).

Üblicherweise erhält der Verkäufer nach dem freihändigen Verkauf seines Eigenheims oder Mietshauses den Erlös auf einen Schlag. Bei einem **Hausverkauf auf Rentenbasis** wird jedoch nicht die einmalige Zahlung eines Kaufpreises, sondern eine periodisch wiederkehrende, meist monatliche Rentenzahlung vereinbart. Sie ist meist auf die Lebenszeit einer Person (Leibrente) ausgerichtet. Die Höhe der Veräußerungsleibrente orientiert sich am Verkehrswert der Immobilie und berücksichtigt das Alter des Verkäufers sowie das aktuelle Zinsniveau.

Die **Veräußerungsleibrente** ist im Gegensatz zur reinen Versorgungs- oder Unterhaltsrente unter nahen Angehörigen eine nach kaufmännischen Grundsätzen abgewogene Gegenleistung für den Erwerb einer Immobilie. Sie kann auch mit Verwandten, also mit den nächsten Angehörigen, vereinbart werden. Allerdings muss sie dann einem Fremdvergleich standhalten. Das ist dann der Fall, wenn der **Rentenbarwert** als Summe aller abgezinsten Leibrenten in etwa dem **Verkehrswert** der Immobilie entspricht.

Zeitrenten kommen bei Auszahlungsplänen von Banken und Bausparkassen oder Entnahmeplänen bei Investmentfonds (z.B. ETF-Aktienindexfonds) vor. Der Kapitalverzehr erfolgt dann für einen bestimmten Zeitraum von z.B. 20 oder 25 Jahren. Sie zahlen sich quasi selbst eine laufende Rente für eine bestimmte Anzahl von Jahren aus Ihrem angesammelten Vermögen.

Wer eine Leibrente aus dem Verkauf seiner Immobilie oder eine Zeitrente aus Entnahmeplänen erhält, sollte auch diese zusätzlichen privaten Renten in seine Übersicht zur **Versorgungsplanung** mit einbeziehen.

Nehmen Sie auch alle zusätzlichen privaten Renten aus dem Immobilienverkauf oder aus Entnahmeplänen in Ihre persönliche Rentenübersicht auf.

1.5 Kranken- und Pflegekassenbeiträge im Rentenalter

Eine Kranken- und Pflegeversicherung wird in der Rentenphase noch wichtiger als in der aktiven Berufsphase, da die gesundheitlichen Beschwerden und Erkrankungen im Alter erfahrungsgemäß zunehmen. Andererseits werden Rentner bestrebt sein, die **Sozialabgaben** im Alter so niedrig wie möglich zu halten.

Gesetzlich krankenversicherte Rentner, die in der Krankenversicherung der Rentner (KVdR) pflichtversichert sind, unterschätzen häufig die Sozialabgaben im Alter. Sie gehen oft davon aus, dass sie nur den halben Beitrag zur gesetzlichen Krankenversicherung in Höhe von zurzeit knapp 8 % (einschließlich durchschnittlichem Zusatzbeitrag) ihrer Renten zu zahlen haben.

Das ist aber leider nicht so. Schon bei der gesetzlichen Rente kommt der **volle Beitrag zur gesetzlichen Pflegeversicherung** hinzu. Somit werden insgesamt rund **11 %** von der gesetzlichen Rente abgezogen. Lediglich der verbleibende Rentenzahlbetrag wird auf ihr Konto überwiesen. Die DRV zahlt die Hälfte des Beitrags zur gesetzlichen Krankenversicherung direkt an die Krankenkasse.

Bei **Betriebsrenten** ist grundsätzlich der volle Beitrag zur gesetzlichen Krankenversicherung in Höhe von rund **19 %** fällig, da es nicht wie bei der gesetzlichen Rente einen Zuschuss in Höhe von knapp 8 % von der Versorgungseinrichtung gibt. Nur auf einen relativ geringen Freibetrag von monatlich 164,50 € im Jahr 2021 fallen keine Beiträge zur gesetzlichen Krankenversicherung an. Gleiches gilt für **Zusatzrenten** im öffentlichen Dienst.

Der schon recht hohe **Gesamtbeitrag** zur gesetzlichen Kranken- und Pflegeversicherung wird künftig weiter steigen. Nach einer Studie des Forschungsinstituts Prognos erhöht sich der Beitrag zur gesetzlichen Krankenversicherung bis auf **18,9 %** im Jahr 2040 und der Beitrag zur gesetzlichen Pflegeversicherung auf **4 bis 4,25 %**, sodass der Kranken- und Pflegekassenbeitrag für den künftigen Betriebs- und Zusatzrentner in rund 20 Jahren insgesamt rund **23 %** ausmachen könnte. Das sind schlechte Aussichten für Rentner, die in der gesetzlichen Krankenversicherung pflichtversichert sind.

Sofern Sie als künftiger Rentner gesetzlich krankenversichert sind, ziehen Sie mindestens 11 % der gesetzlichen Rente brutto und rund 19 % der Betriebs- oder Zusatzrente für Beiträge zur gesetzlichen Kranken- und Pflegeversicherung ab. Nur der nach Abzug dieser Beiträge verbleibende Zahlbetrag wird von der DRV und der für die Betriebs- oder Zusatzrente zuständigen Versorgungseinrichtung auf Ihr Konto überwiesen.

Privat krankenversicherte Rentner müssen weder Sozialabgaben auf die Betriebs- oder Zusatzrente noch auf die gesetzliche Rente zahlen. Sie erhalten in der gesetzlichen Rentenversicherung auf Antrag noch einen Zuschuss zu ihrer privaten Krankenversicherung in Höhe von knapp 8 % der gesetzlichen Rente. Allerdings liegt ihr nicht nach Einkommen, sondern nach Kosten bemessener Gesamtbeitrag zur privaten Krankenversicherung und privaten Pflegepflichtversicherung im Alter deutlich höher als in der gesetzlichen Krankenversicherung.

Für **freiwillig gesetzlich Krankenversicherte**, die also nicht in der Krankenversicherung der Rentner (KVdR) pflichtversichert sind, liegt der Kranken- und Pflegekassenbeitrag zur Betriebs- oder Zusatzrente ebenfalls bei rund 19 %. Allerdings erhalten sie auf Antrag wie der privat krankenversicherte Rentner einen Zuschuss zur gesetzlichen Krankenkasse in Höhe von knapp 8 % der gesetzlichen Rente. Dadurch stellen sie sich zumindest bei der gesetzlichen Rente nicht schlechter als in der KVdR pflichtversicherte Rentner.

Jedoch lauern für rund 500.000 Rentner, die in der gesetzlichen Krankenkasse freiwillig versichert sind, an anderer Stelle viel größere Gefahren. Laut dem für die gesetzliche Krankenversicherung geltenden Fünften Sozialgesetzbuch (SGB V) werden bei freiwillig krankenversicherten Rentnern **alle für den Lebensunterhalt zur Verfügung stehenden Einnahmen** herangezogen. Dazu zählen also außer der gesetzlichen Rente, der berufsständischen Rente und außer eventuellen Arbeitseinkommen auch private Renten wie die Riester-Rente oder Rürup-Rente sowie auch alle zusätzlichen Einkünfte aus Kapitalvermögen und Vermietung, also z.B. Zins-, Dividenden- und Mieteinkünfte.

Vermeiden Sie nach Möglichkeit, dass Sie im Rentenalter freiwillig gesetzlich krankenversichert sind, sondern versuchen Sie, als Pflichtversicherte in der KVdR aufgenommen zu werden.

Bei freiwilligen Mitgliedern der gesetzlichen Krankenversicherung kommt es nach der geltenden Gesetzeslage auf die **gesamte wirtschaftliche Leistungsfähigkeit** an.

Daher können sogar die **Einnahmen des Ehe- oder Lebenspartners** bis zur halben Beitragsbemessungsgrenze in der gesetzlichen Krankenversicherung beitragspflichtig werden, sofern dieser nicht gesetzlich, sondern privat krankenversichert ist, wie z.B. Beamte oder Pensionäre.

Die Obergrenze und damit der **Höchstbeitrag** zur gesetzlichen Kranken- und Pflegeversicherung für freiwillige Mitglieder der gesetzlichen Krankenversicherung liegt im Westen zurzeit bei rund

920,– €. Das sind rund 19 % der derzeitigen Beitragsbemessungsgrenze in der gesetzlichen Kranken- und Pflegeversicherung West von 4.837,50 € im Jahr 2021.

Alterseinkünfte von freiwillig versicherten Mitgliedern der gesetzlichen Krankenversicherung werden in folgender **Reihenfolge zur Beitragsbemessung** herangezogen:

1. gesetzliche Rente,
2. Versorgungsbezüge (Betriebsrenten, Zusatzrenten im öffentlichen Dienst, Renten aus der berufsständischen Versorgung, Ruhegehälter von Beamten),
3. Arbeitseinkommen (Löhne und Gehälter aus nichtselbstständiger Tätigkeit oder Gewinne aus unternehmerischer Tätigkeit)

= beitragspflichtige Einnahmen von versicherungspflichtigen Rentnern
+ sonstige Einnahmen gemäß gesamter wirtschaftlicher Leistungsfähigkeit
= beitragspflichtige Einnahmen von freiwillig versicherten Rentnern.

Zu den sonstigen Einnahmen zählen alle Einnahmen, die die **wirtschaftliche Leistungsfähigkeit** des freiwilligen Mitglieds bestimmen. Laut Rundschreiben des GKV-Verbands sind das alle Einnahmen und Geldmittel, die für den Lebensunterhalt verbraucht werden oder verbraucht werden können, ohne Rücksicht auf ihre steuerliche Behandlung.

Daher müssen freiwillig in der gesetzlichen Krankenkasse versicherte Rentner Beiträge auf folgende **zusätzlichen Alterseinkünfte** zahlen:

- sonstige Renten aus privater Altersvorsorge (Riester-Rente, Rürup-Rente oder Rente aus privater Rentenversicherung),
- Einkünfte aus Vermietung und Verpachtung (Überschuss der Mieteinnahmen über die Werbungskosten),
- Einkünfte aus Kapitalvermögen (z. B. Zins- und Dividendeneinkünfte),
- Einkommen des Ehegatten oder Lebenspartners bis zur Hälfte und höchstens bis zu 2.418,75 €, sofern diese nicht der gesetzlichen Krankenkasse angehören.

Wenn die **Beitragsbemessungsgrenze** in der gesetzlichen Krankenversicherung von zurzeit **4.837,50 €** bei freiwillig versicherten Mitgliedern z.B. durch die Summe von gesetzlicher Rente, Betriebsrente sowie Miet- und Zinseinkünften erreicht ist, werden auf zusätzliche Renten aus der privaten Altersvorsorge (z.B. Riester-Rente) keine Kranken- und Pflegekassenbeiträge fällig.

Sofern die Rürup-Rente und/oder Privatrente aus der privaten Rentenversicherung zusammen mit anderen Alterseinkünften (z.B. gesetzliche Rente, Betriebs- bzw. Zusatzrente und Mieteinkünfte) **unter dieser Beitragsbemessungsgrenze** bleibt, muss der freiwillig gesetzlich krankenversicherte Rentner auch auf diese Renten bis zu rund **19%** an Beiträgen zur gesetzlichen Kranken- und Pflegeversicherung zahlen.

 Es lohnt sich also, die freiwillige Mitgliedschaft in der gesetzlichen Krankenversicherung zu vermeiden. Voraussetzung dafür ist, dass in der zweiten Hälfte des Berufslebens mindestens 90 % der Zeit auf die Mitgliedschaft in der gesetzlichen Krankenversicherung entfallen (Vorversicherungszeit). Darauf, ob man pflichtversichert, freiwillig versichert oder familienversichert war, kommt es nicht an. Im Umkehrschluss heißt das: Wer in mehr als 10 % der Vorversicherungszeit privat krankenversichert oder wegen eines längeren Auslandsaufenthalts gar nicht krankenversichert war, wird als Rentner freiwillig in der gesetzlichen Krankenversicherung versichert.

Seit dem 1.8.2017 gibt es aber wieder Hoffnung für Rentner, die in der gesetzlichen Krankenkasse bisher nur freiwillig versichert sind. Sofern sie Kinder haben, können sie auch noch nachträglich in die Pflichtversicherung der Rentner (KVdR) wechseln, wenn sie die 9/10-Regelung unter Einbeziehung der **Mitgliedszeiten für ihre Kinder** doch noch erreichen.

Seit August 2017 werden nämlich **drei Jahre** für jedes Kind, Stiefkind oder Adoptivkind auf die Mitgliedszeit angerechnet, also wie jede andere Mitgliedszeit berücksichtigt. Wann Kinder geboren oder adoptiert wurden, spielt keine Rolle. Wurden die geforderten 90 % also bisher knapp verfehlt, können sie unter Einbeziehung von drei Jahren für jedes Kind u.U. doch noch erreicht werden.

 Die Prüfung, ob die 9/10-Regelung unter Berücksichtigung der zusätzlichen drei Jahre je Kind erfüllt ist, erfolgt nicht automatisch durch die gesetzliche Krankenkasse. Die Betroffenen müssen also selbst neu rechnen und dann bei Erreichen der geforderten 90 % einen Antrag auf Wechsel in die Krankenversicherung der Rentner (KVdR) stellen.

Das gilt eigentlich aber nur für Altfälle bzw. Schon-Rentner. Das Bundesgesundheitsministerium gibt dazu folgenden **Rat:** »Zur Klärung ihrer individuellen Zugangsmöglichkeiten nach der Neuregelung sollten sich freiwillig versicherte Rentner mit ihrer Krankenkasse in Verbindung setzen und prüfen lassen, ob zum 1.8.2017 ein Wechsel in die KVdR möglich wird«.

Auch einige bisher privat krankenversicherte Rentner – also ohne die privat krankenversicherten Beamtenpensionäre mit Anspruch auf eine staatliche Beihilfe von 70 % der Krankheitskosten – können noch **nachträglich** in die KVdR wechseln, wenn sie zusammen mit den zusätzlichen Mitgliedszeiten für ihre Kinder die 9/10-Regelung für die Vorversicherungszeit in der zweiten Hälfte ihres Erwerbslebens erfüllen.

Bei privat krankenversicherten Rentnern, die keine Beihilfe erhalten und daher den Beitrag zur privaten Krankenkasse vollständig aus eigenen Mitteln aufbringen, kann sich diese Wechselmöglichkeit in die KVdR lohnen. Zu diesen privat krankenversicherten Rentnern zählen vor allem frühere Angestellte mit ehemals hohen Gehältern, die **nach Überschreiten der Versicherungspflichtgrenze** bei der gesetzlichen Krankenversicherung in die private Krankenkasse gewechselt sind. Auch sie könnten zurück in die KVdR, sofern sie unter Einrechnung der zusätzlichen Versicherungszeiten von drei Jahren pro Kind nunmehr die 9/10-Regelung erfüllen.

Sorgen Sie nach Möglichkeit dafür, dass Sie die 9/10-Regelung für die Aufnahme in die KVdR erfüllen und somit in der Vorversicherungszeit einschließlich der Zeiten von drei Jahren pro Kind zu mindestens 90 % in der gesetzlichen Krankenversicherung versichert waren.

1.6 Renten und Steuern

Bekanntlich gibt es drei Säulen der Altersvorsorge – gesetzliche, betriebliche und private Altersvorsorge. Aus steuerlicher Sicht unterscheidet man seit Inkrafttreten des Alterseinkünftegesetzes im Jahr 2005 darüber hinaus **drei Schichten der Altersversorgung** – Basisversorgung, Zusatzversorgung und sonstige private Altersversorgung (siehe folgende Abbildung 2).

Es macht **steuerlich** einen **großen Unterschied,** ob Sie eine gesetzliche Rente oder Rürup-Rente in der 1. Schicht, eine Betriebs- oder Zusatzrente in der 2. Schicht oder eine Leistung aus der privaten Rentenversicherung oder Kapitallebensversicherung in der 3. Schicht erzielen. Die Unterschiede beziehen sich nicht nur auf die eigentliche Rentenphase, sondern auch auf die Beitragsphase.

Abbildung 2: Drei Schichten der Altersversorgung

Schichten	Grundsystem	Zusatzsysteme
Basisversorgung (1. Schicht)	gesetzliche Rentenversicherung (GRV)	berufsständische Versorgung (BSV) Alterssicherung der Landwirte (AdL) Basis- bzw. Rürup-Rente
Zusatzversorgung (2. Schicht)	betriebliche Altersversorgung (bAV) Zusatzversorgung im öffentlichen Dienst (ZÖD)	Riester-Rente
sonstige private Altersversorgung (3. Schicht)	private Rentenversicherung (PRV)	Kapitallebensversicherung auf den Todes- und Erlebensfall (KLV)

Gesetzliche Rentenversicherung, berufsständische Versorgung, Alterssicherung der Landwirte und Rürup-Rente zählen danach zur ersten Schicht der **Basisversorgung.** Für sie gelten daher die Übergangsregelungen zur steuerlichen Abzugsfähigkeit der Beiträge (Altersvorsorgeaufwendungen) und zur schrittweise nachgelagerten Besteuerung der Renten nach dem Alterseinkünftegesetz.

In der 2. Schicht der **Zusatzversorgung** finden sich die betriebliche Altersversorgung, die Zusatzversorgung im öffentlichen Dienst und die Riester-Rente. Die sonstige **private Altersversorgung** wie die private Rentenversicherung und die Kapitallebensversicherung zählen schließlich zur 3. Schicht.

Steuerlich abzugsfähige Beiträge zur gesetzlichen Rente und Rürup-Rente

Altersvorsorgeaufwendungen sind Beiträge zur Basisversorgung, also in der ersten Schicht der Altersvorsorge (siehe Abbildung 2). Dazu gehören:

- Beiträge zur gesetzlichen Rentenversicherung,
- Beiträge zur berufsständischen Versorgung der Freiberufler,
- Beiträge zur Alterssicherung der Landwirte,
- Beiträge zur Basis- bzw. Rürup-Rente.

Für diese vier Arten von Rentenbeiträgen gilt ab 2005 die steuerliche **Übergangsregelung, wonach diese Beiträge im Jahr 2005 zu 60 % steuerlich abzugsfähig waren und erst ab 2025 zu 100 % steuerlich abzugsfähig sein werden. Der steuerlich abzugsfähige Anteil steigt jährlich um jeweils zwei Prozentpunkte.** Beiträge zur gesetzlichen Rentenversicherung sind z.B. im Jahr 2021 bzw. 2022 zu 92 bzw. 94 % steuerlich absetzbar.

Welche Zusatzrente ist für Sie die beste? | 1

Tabelle 1: Steuerlich abzugsfähiger Gesamtbeitragsanteil und Arbeitnehmeranteil zur gesetzlichen Rentenversicherung

Jahr	steuerlich abzugsfähiger Gesamtbeitragsanteil *)	steuerlich abzugsfähiger Arbeitnehmeranteil **)
2005	60 %	20 %
2006	62 %	24 %
2007	64 %	28 %
2008	66 %	32 %
2009	68 %	36 %
2010	70 %	40 %
2011	72 %	44 %
2012	74 %	48 %
2013	76 %	52 %
2014	78 %	56 %
2015	80 %	60 %
2016	82 %	64 %
2017	84 %	68 %
2018	86 %	72 %
2019	88 %	76 %
2020	90 %	80 %
2021	92 %	84 %
2022	94 %	88 %
2023	96 %	92 %
2024	98 %	96 %
ab 2025	100 %	100 %

*) Gesamtbeitrag (z. B. 18,6 % im Jahr 2021/2022)
**) Arbeitnehmeranteil zur gesetzlichen Rentenversicherung (z. B. 9,3 % in 2021/2022)

Rentenbeiträge sind erst ab 2025 steuerlich voll abzugsfähig, wie Tabelle 1 zeigt. Ein im Jahr 2021 gezahlter Gesamtbeitrag zur gesetzlichen Rente kann z. B. zu 92 % abgezogen werden. Beim Arbeitnehmeranteil zur gesetzlichen Rente sind es lediglich 84 %.

Steuerlich abzugsfähige Beiträge zur Betriebsrente und Riester-Rente

Beiträge zur Betriebsrente in der Privatwirtschaft aufgrund einer **Entgeltumwandlung** sind steuerlich voll abzugsfähig. Für die Arbeitnehmer-Umlage zur **Zusatzversorgung** im öffentlichen Dienst (z.B. VBL-Zusatzrente) gilt das jedoch nicht. Bei der **Riester-Rente** ist bloß der Anteil des Gesamtbeitrags steuerlich abzugsfähig, der über die Riester-Zulage hinausgeht.

Beiträge zur **privaten** Rentenversicherung und Kapitallebensversicherung müssen bei Neuabschluss ab 2005 aus voll versteuertem Einkommen getragen werden und sind somit nicht mehr steuerlich abzugsfähig. Falls der Vertragsabschluss vor 2005 erfolgte, können noch 88 % dieser Beiträge weiterhin steuerlich unter sonstigen Vorsorgeaufwendungen abgezogen werden, sofern der steuerlich abzugsfähige Vorsorge-Höchstbetrag noch nicht durch Beiträge zur Kranken- und Pflegeversicherung ausgeschöpft ist.

Steuern auf gesetzliche Rente und Rürup-Rente

Nicht nur Beiträge zur Kranken- und Rentenversicherung mindern die Renten, sondern auch die **Steuern.** Daher sollten Ruheständler unbedingt auch die **Rentenbesteuerung** ins Kalkül mit einbeziehen.

Die gesetzliche Rente wird ebenso wie die Rürup-Rente im Grundsatz nachgelagert besteuert. Allerdings gibt es eine Stufenregelung für den steuerpflichtigen Anteil der gesetzlichen Rente (Besteuerungsanteil genannt) und die steuerlich abzugsfähigen Beiträge zur gesetzlichen Rente. Erst ab Rentenbeginn im Jahr 2040 wird die gesetzliche Rente voll besteuert. Beginnt die gesetzliche Rente z.B. im Jahr 2022, liegt der Besteuerungsanteil bei 82 % der Bruttorente.

Tabelle 2: Besteuerungsanteil der gesetzlichen Rente

Jahr des Rentenbeginns	Besteuerungsanteil der Rente	Jahr des Rentenbeginns	Besteuerungsanteil der Rente
bis 2005	50 %	2023	83 %
2006	52 %	2024	84 %
2007	54 %	2025	85 %
2008	56 %	2026	86 %
2009	58 %	2027	87 %
2010	60 %	2028	88 %
2011	62 %	2029	89 %
2012	64 %	2030	90 %
2013	66 %	2031	91 %
2014	68 %	2032	92 %
2015	70 %	2033	93 %
2016	72 %	2034	94 %
2017	74 %	2035	95 %
2018	76 %	2036	96 %
2019	78 %	2037	97 %
2020	80 %	2038	98 %
2021	81 %	2039	99 %
2022	82 %	ab 2040	100 %

Steuern auf Leibrenten

Auf Leibrenten aus privaten Rentenversicherungen oder aus dem Verkauf von Immobilien auf Rentenbasis fallen nur geringe Steuern an, da die vorher entrichteten Beiträge ab 2005 nicht mehr steuerlich abzugsfähig sind. Besteuert wird daher nur ein **Ertragsanteil** der Privatrente, der den pauschal geschätzten Zinsanteil der Privatrente erfasst. Der in der Privatrente enthaltene Kapitalanteil bleibt **steuerfrei**.

Tabelle 3: Steuerpflichtige Ertragsanteile bei Leibrenten

vollendetes Lebensjahr bei Rentenbeginn	Ertragsanteil in Prozent der Rente bei lebenslangen Privatrenten	vollendetes Lebensjahr bei Rentenbeginn	Ertragsanteil in Prozent der Rente bei lebenslangen Privatrenten
50.	30 %	65. bis 66.	18 %
51. bis 52.	29 %	67.	17 %
53.	28 %	68.	16 %
54.	27 %	69. bis 70.	15 %
55. bis 56.	26 %	71.	14 %
57.	25 %	72. bis 73.	13 %
58.	24 %	74.	12 %
59.	23 %	75.	11 %
60. bis 61.	22 %	76. bis 77.	10 %
62.	21 %	78. bis 79.	9 %
63.	20 %	80.	8 %
64.	19 %	81. bis 82.	7 %

Wer mit 65 oder 66 Jahren zum ersten Mal eine lebenslange private Rente bezieht, muss nur 18 % davon versteuern.

Monatliche Leibrente 400,– €, steuerpflichtig 72,– €, anteilige Steuer nur 18,– € monatlich bei einem persönlichen Steuersatz von z. B. 25 %.

Je später der Rentenbeginn liegt, desto geringer fällt wegen der statistisch geringeren Lebenserwartung auch der Ertragsanteil aus. Bei 67-Jährigen sind es z. B. 17 % und bei 70-Jährigen nur 15 %. Umgekehrt steigt der Ertragsanteil, je jünger der Rentenbezieher ist. 60-jährige Privatrentner müssen z. B. 22 % ihrer Privatrente versteuern und 55-Jährige 26 % (siehe Tabelle 3).

Steuern auf Betriebsrente und Riester-Rente

Betriebsrenten werden grundsätzlich voll besteuert. Eine Ausnahme besteht für Zusatzrenten im öffentlichen Dienst, die teils voll besteuert und teils nur mit dem Ertragsanteil besteuert werden. Diese **gemischte Besteuerung** kommt auch bei Betriebsrenten vor, die zum einen Teil aus steuerfreien bzw. geförderten Beiträgen zur Entgeltumwandlung stammen und zum anderen Teil aus bereits voll versteuerten bzw. ungeförderten Beiträgen.

Die **Riester-Rente** wird immer voll besteuert, da der Staat in der Beitragsphase Zulagen und eventuell zusätzliche Steuerersparnisse gewährt. Sofern ein Riester-Vertrag gekündigt wird, ist das förderschädlich mit der Folge, dass alle Zulagen und eventuell zusätzliche Steuerersparnisse zurückgezahlt werden müssen.

Steuerfreier Altersentlastungsbetrag

Der steuerfreie **Altersentlastungsbetrag** steht mindestens 65-jährigen Rentnern und Pensionären nur bei den Alterseinkünften zu, die nicht zu den gesetzlichen Renten und Rürup-Renten sowie Beamten- und Betriebspensionen zählen. Daher kommen für den Abzug des Altersentlastungsbetrages nur folgende zusätzliche Alterseinkünfte infrage:

- voll besteuerte Betriebsrenten und Riester-Renten, deren Beiträge in der Ansparphase steuerbegünstigt waren bzw. durch Zulagen gefördert wurden,
- nicht abgeltungsteuerpflichtige Kapitalerträge wie Zins- und Dividendeneinkünfte, die als Einkünfte aus Kapitalvermögen besteuert werden (siehe BFH-Urteil vom 25.4.2017),
- Mieteinkünfte (positive Einkünfte oder Gewinne aus Vermietung und Verpachtung),
- Arbeitseinkommen als Löhne oder Gewinne (Einkünfte aus selbstständiger oder nicht selbstständiger Tätigkeit).

1 | Welche Zusatzrente ist für Sie die beste?

Wer z. B. im Jahr 2022 mit 65 Jahren in den Ruhestand geht und zusätzliche Alterseinkünfte außer gesetzlichen Renten, berufsständischen Renten oder Pensionen erzielt, kann einen **Altersentlastungsbetrag** von 14,4 % der Bruttoeinnahmen, maximal aber 684,– € jährlich abziehen (siehe Tabelle 4). Das Finanzamt berücksichtigt den Altersentlastungsbetrag automatisch, sofern die Voraussetzungen dafür vorliegen.

Tabelle 4: Steuerfreier Altersentlastungsbetrag für zusätzliche Alterseinkünfte

65 Jahre oder älter im Kalenderjahr	Altersentlastungsbetrag in %	max. in Euro	65 Jahre oder älter im Kalenderjahr	Altersentlastungsbetrag in %	max. in Euro
2005	40 %	1.900,– €	2023	13,6 %	646,– €
2006	38,4 %	1.824,– €	2024	12,8 %	608,– €
2007	36,8 %	1.748,– €	2025	12,0 %	570,– €
2008	35,2 %	1.672,– €	2026	11,2 %	532,– €
2009	33,6 %	1.596,– €	2027	10,4 %	494,– €
2010	32 %	1.520,– €	2028	9,6 %	456,– €
2011	30,4 %	1.444,– €	2029	8,8 %	418,– €
2012	28,8 %	1.368,– €	2030	8,0 %	380,– €
2013	27,2 %	1.292,– €	2031	7,2 %	342,– €
2014	25,6 %	1.216,– €	2032	6,4 %	304,– €
2015	24 %	1.140,– €	2033	5,6 %	266,– €
2016	22,4 %	1.064,– €	2034	4,8 %	228,– €
2017	20,8 %	988,– €	2035	4,0 %	190,– €
2018	19,2 %	912,– €	2036	3,2 %	152,– €
2019	17,6 %	836,– €	2037	2,4 %	114,– €
2020	16 %	760,– €	2038	1,6 %	76,– €
2021	15,2 %	722,– €	2039	0,8 %	38,– €
2022	14,4 %	684,– €	2040	0,0 %	0,– €

Bei Verheirateten, die beide mindestens 65 Jahre alt und Rentner oder Pensionäre sind, kann **jeder Ehegatte** den steuerlichen Altersentlastungsbetrag für sich beanspruchen, sofern er eigene sonstige Alterseinkünfte hat.

 Insofern macht es aus steuerlicher Sicht Sinn, hohe zusätzliche Alterseinkünfte des einen Ehegatten teilweise auf den anderen Ehegatten zu verlagern.

Der steuerfreie Altersentlastungsbetrag bleibt hinsichtlich des Prozentsatzes und des sich daraus ergebenden Höchstbetrags auf Dauer unverändert. Bloß der tatsächlich abzugsfähige Betrag kann sich in Abhängigkeit von der Höhe der zusätzlichen Alterseinkünfte ändern.

Ab Rentenbeginn im Jahr **2040** gibt es überhaupt keinen Altersentlastungsbetrag mehr. Für alle Geburtsjahrgänge ab 1975 entfällt der Altersentlastungsbetrag somit, da diese jüngeren Jahrgänge erst ab 2040 ihren 65. Geburtstag feiern.

1.7 Nettogesamtrente und Inflation

Letztlich kommt es immer auf die Nettorente an, also die Bruttorente abzüglich Kranken- und Pflegekassenbeiträgen und Steuern. Sofern außer der gesetzlichen Rente noch Betriebs- bzw. Zusatzrenten sowie private Renten bezogen werden, müssen die Beiträge und Steuern von der Bruttogesamtrente abgezogen werden, um die **Nettogesamtrente** zu ermitteln.

Diese **Nettogesamtrente** hängt von folgenden Faktoren ab:

- Höhe der Bruttorenten,
- Art der Krankenversicherung (gesetzlich oder privat),
- Steuern (steuerpflichtiger Anteil der Renten und persönlicher Steuersatz).

Der Einwand, dass zusätzlich noch die **Inflation** berücksichtigt werden müsse, um die tatsächliche Kaufkraft der künftigen Nettorenten zu ermitteln, ist zwar grundsätzlich richtig. Da aber die künftige Inflationsrate noch schwieriger zu prognostizieren ist als die Höhe der Beitragssätze zur gesetzlichen Kranken- und Pflegeversicherung sowie die Steuerprogression in der Zukunft, wird auf die Berechnung einer sog. **Nettorealrente** in aller Regel verzichtet.

 Vergleichen Sie bei der Ermittlung Ihrer Rentenlücke immer die künftige Nettorente mit dem Nettoentgelt. Sorgen Sie rechtzeitig dafür, dass Ihre künftige Nettorente rund 80 % Ihres Nettoentgelts betragen wird.

2 Gesetzliche Zusatzrente: Extrabeiträge können sich lohnen

Die gesetzliche Rente ist **besser als ihr Ruf** und erlebt zurzeit ein erstaunliches Comeback. Sie schlägt angesichts der anhaltenden Niedrigzinsphase die private Rente um Längen. Noch vor zehn Jahren hätte das keiner für möglich gehalten.

Allerdings gibt es im Jahr 2021 keine Rentenerhöhung im Westen, da die Durchschnittsentgelte im Vorjahr coronabedingt gesunken sind. Wegen der **Rentengarantie** dürfen die aktuellen Rentenwerte West aber nicht gesenkt werden, sodass die gesetzliche Bruttorente konstant bleibt.

Zumindest bis 2023 befindet sich auch der **Beitragssatz** zur gesetzlichen Rente von insgesamt **18,6 %** noch auf einem relativ geringen Niveau. Ab 2025 gehen die Babyboomer aus den 1960er-Jahren in Rente. Dann steigt die Anzahl der Rentner innerhalb von rund zehn Jahren um insgesamt fünf Millionen. Gleichzeitig fehlen ebenso viele Beitragszahler.

Weniger Beitragszahler und gleichzeitig mehr Rentner stellen die umlagefinanzierte gesetzliche Rentenversicherung ab 2025 vor große Herausforderungen. Ab 2025 ist mit einer kräftigen **Steigerung des Beitragssatzes auf 20 %** und mehr zu rechnen. Dies wird begleitet sein von einem ab 2025 sinkenden Rentenniveau, da die Renten geringer steigen als die Löhne und Gehälter.

Dennoch lohnt es sich auch weiterhin, Beiträge in die gesetzliche Rentenversicherung einzuzahlen. Das gilt sowohl für Pflichtbeiträge der sozialversicherungspflichtig Beschäftigten als auch für **Extrabeiträge.**

Zur Zahlung von Extrabeiträgen sind **drei Gruppen** berechtigt:

- **Nachzahlungsbeträge** für unter 45-Jährige für schulische Ausbildungszeiten,

- **Sonderzahlungen** zum Ausgleich von künftigen Rentenabschlägen bei vorzeitigem Renteneintritt für mindestens 50-Jährige und
- **freiwillige Beiträge** für Nicht-Pflichtversicherte wie Selbstständige, Beamte, Berufssoldaten und Frührentner.

2.1 Wege zur Frührente

Attraktiv kann auch die freiwillige Frührente vor Erreichen der Regelaltersgrenze sein. Sie lässt sich in der Zeit vom Beginn der vorgezogenen Altersrente bis zum Erreichen der Regelaltersgrenze durch **freiwillige Beiträge** noch steigern. Wer die Frührente mit einem Job kombinieren will, muss sich Hinzuverdienste von über 6.300,– € im Jahr auf seine Frührente anrechnen lassen. Lediglich in den Jahren 2020 und 2021 lag der nicht auf die Frührente anrechenbare Hinzuverdienst coronabedingt bei 44.590,– bzw. 46.060,– € im Jahr.

Früher in Rente, das wollen viele. Die meisten entscheiden sich nach 45 Versicherungsjahren für die abschlagsfreie gesetzliche **Rente ab 63 Jahren.** Doch auch für schwerbehinderte Menschen ist diese abschlagsfreie Rente ab 63 Jahren möglich und dies sogar bereits nach 35 Versicherungsjahren.

Wer auf mindestens 35 Versicherungsjahre kommt und nicht schwerbehindert ist, kann bereits **mit exakt 63 Jahren** eine abschlagspflichtige Rente erhalten. Die Abschläge kann er, sofern er die finanziellen Mittel hat, bereits ab dem vollendeten 50. Lebensjahr durch Sonderzahlungen ausgleichen.

Das lohnt sich besonders, wenn die auf mehrere Jahre verteilten Teilzahlungen bis Ende 2023 geleistet werden. Ab 2024 wird es weniger lukrativ, da die Beitragssätze dann steigen, aber die Rente nicht in gleichem Maße.

Wer wegen **Erwerbsminderung** in Rente gegangen ist oder künftig gehen wird, kann die Rentenabschläge von bis zu 10,8 % **nicht** ausgleichen. Allerdings gibt es für Erwerbsminderungsrentner keine untere Altersgrenze. Selbstverständlich ist jeder, der z.B. schon mit 50 oder 55 Jahren wegen Erwerbsminderung in Rente gegangen ist, auch ein Frührentner.

In diesem Kapitel soll es jedoch ausschließlich um Altersrenten gehen, die vor Erreichen der Regelaltersgrenze beantragt und ausgezahlt werden, also um **vorgezogene Altersrenten**.

Nicht pflichtversicherte Frührentner können erstmals ab 1.1.2017 freiwillige Beiträge zur gesetzlichen Rente leisten, um ihre Rente nach Erreichen der Regelaltersgrenze aufzubessern. Das ist auch möglich, falls sie zuvor schon Abschläge durch **Sonderzahlungen** ausgeglichen haben.

Frührentner aus Altersgründen erhalten, wenn sie noch in Teilzeit weiter arbeiten wollen und mehr als 6.300,– € im Jahr hinzuverdienen, als Pflichtversicherte lediglich eine **Teilrente**. Diese können sie aber ab 1.7.2017 in Höhe von 10 bis 99 % der Vollrente und in Abhängigkeit vom Teilzeitgehalt frei wählen. Zudem kann die volle Frührente kombiniert werden mit einem versicherungsfreien Minijob von bis zu 450,– € im Monat, ohne die beiden genannten Optionen zu gefährden.

Im Jahr 2021 können Frührentner sogar bis zu 46.060,– € hinzuverdienen, ohne eine Anrechnung des Hinzuverdiensts auf ihre Frührente befürchten zu müssen. Diese durch die Corona-Krise verursachte Sonderregelung wird ab 2022 wieder abgeschafft.

Die Rentenwelt ist in den letzten sieben Jahren bunter geworden. Vor dem 1.7.2014 gab es weder die abschlagsfreie Rente ab 63 für besonders langjährig Versicherte (45 Beitragsjahre) noch die Flexirente mit freiwilligen Beiträgen für Frührentner oder die neue Teilrente. Nunmehr gilt es, die **richtige Strategie** zu wählen.

Die **abschlagsfreie Rente ab 63 Jahren für besonders langjährig Versicherte** kann durchaus als **Königsweg** nach 45 Jahren bezeichnet werden. Wer z.B. am 1.11.1957 geboren ist und mit 63 Jahren und zehn Monaten auf 45 Versicherungsjahre kommt, kann zum 1.9.2021 abschlagsfrei in Rente gehen. Gleichaltrige schwerbehinderte Menschen brauchen nur 35 Versicherungsjahre nachzuweisen, um zum gleichen Termin abschlagsfrei in Rente gehen zu können.

Wichtig: Um die abschlagsfreie Rente ab 63 Jahren für besonders langjährig Versicherte zu erhalten, müssen zwei Voraussetzungen erfüllt sein – mindestens 45 Versicherungsjahre und das sogenannte Zugangsalter, das von 63 Jahren für die Jahrgänge 1951 bis 1952 bis auf **65 Jahre für die Jahrgänge ab 1964** steigt. Insofern ist die generelle Bezeichnung »abschlagsfreie Rente *mit* 63 Jahren« missverständlich.

Folgendes Originalbeispiel für eine im März 1960 geborene Versicherte, die bereits zum 1.7.2021 die erste Voraussetzung von 45 Versicherungsjahren erfüllt hat, mag das erläutern. Sie kann abschlagsfrei zum 1.8.2024 in Rente gehen, da sie erst dann auch die zweite Voraussetzung erfüllt (Zugangsalter 64 Jahre und vier Monate für Jahrgang 1960). Würde sie schon zum 1.4.2023 mit 63 Jahren in Rente gehen, stünde ihr keine abschlagsfreie Rente für besonders langjährig Versicherte zu. Sie müsste stattdessen einen Rentenabschlag von 12 % in Kauf nehmen, da bei der Berechnung immer die Zeit vom Rentenbeginn bis zum Erreichen der Regelaltersgrenze zugrunde gelegt wird (hier 1.8.2026).

Die **abschlagspflichtige Altersrente mit 63 Jahren für langjährig Versicherte** kann nach mindestens 35 Versicherungsjahren in Anspruch genommen werden. Wer z. B. am 1.11.1958 geboren ist und sich für die 63er-Frührente ab 1.11.2021 entscheidet, muss einen Rentenabschlag in Höhe von 10,8 % in Kauf nehmen für 36 Monate vom Beginn der Frührente ab 1.11.2021 bis zum Erreichen der Regelaltersgrenze am 1.11.2024. Es sei denn, er hat den Rentenabschlag über bis dahin geleistete **Sonderzahlungen** bereits ausgeglichen.

Im Originalbeispiel der im März 1960 geborenen Versicherten mit 45 Versicherungsjahren läge der Rentenabschlag sogar bei 12 % für 40 Monate. Sie würde also bei der Frührente ab 1.4.2023 faktisch genauso behandelt wie eine nur langjährig Versicherte mit 35 Jahren.

Was häufig vergessen wird: Schwerbehinderte Menschen, die im Jahr 1958 geboren sind, können bereits mit 61 Jahren in Rente gehen bei einem Rentenabschlag von 10,8 %. Auch dieser Rentenabschlag kann über Sonderzahlungen abgekauft werden.

2.1.1 Abschlagsfreie Frührenten ab 63

Abschlagsfreie Frührenten ab 63 Jahren gibt es nur für besonders langjährig Versicherte mit 45 Versicherungsjahren oder für schwerbehinderte Personen mit rentenrechtlichen Zeiten von 35 Jahren. Seit dem 1.7.2014 können besonders langjährig Versicherte ab 63 Jahren abschlagsfrei in Rente gehen. Genau mit 63 Jahren traf das aber nur auf die **Geburtsjahrgänge 1951 und 1952** zu.

Ab dem Jahrgang 1953 **erhöht sich** dieses Zugangsalter von 63 Jahren jeweils **um zwei Monate pro Jahr.** Wer im Jahr 1958 geboren ist und mindestens 45 Versicherungsjahre nachweist, kann erst mit 64 Jahren abschlagsfrei in Rente gehen und somit frühestens im Jahr 2022. Alle ab 1964 geborenen besonders langjährig Versicherten können frühestens erst mit 65 Jahren abschlagsfrei in Rente gehen.

Zumindest **rechnerisch lohnt sich** die abschlagsfreie Rente ab 63 Jahren für besonders langjährig Versicherte mit 45 Versicherungsjahren auf jeden Fall. Wer den Einkommensverlust aufgrund der im Vergleich zum Nettogehalt deutlich geringeren Nettorente in den zwei Jahren bis zum Erreichen der Regelaltersgrenze durch andere Alterseinkünfte wie Betriebsrente, Riester-Rente, Privatrente oder Minijob zumindest teilweise ausgleichen kann, macht aus finanzieller Sicht alles richtig.

Nutzen Sie die Chance zur abschlagsfreien Rente ab 63 Jahren, sofern Ihnen die gesetzliche Rente nach Abzug von Beiträgen zur gesetzlichen Kranken- und Pflegeversicherung und Steuern finanziell ausreicht.

Anrechenbare Zeiten für die abschlagsfreie Rente ab 63 Jahren

Anspruch auf die abschlagsfreie Rente ab 63 haben nur Versicherte, die auch die Wartezeit von 45 Jahren erfüllen. Zur **Wartezeit** bzw. zu den geforderten 45 Versicherungsjahren zählen:

- Pflichtbeitragsjahre (einschließlich zweieinhalb bzw. drei Kindererziehungsjahre je Kind für vor bzw. ab 1992 geborene Kinder),
- Zeiten mit einem versicherungspflichtigen Minijob (mit Eigenanteil des Minijobbers von nur 16,20 € monatlich bei einem 450-Euro-Minijob),
- Zeiten mit freiwilligen Beiträgen, die zusätzlich zu mindestens 18 Pflichtbeitragsjahren vorliegen (freiwillige Beiträge in den letzten zwei Jahren aber nur, falls keine Arbeitslosmeldung bei der Agentur für Arbeit vorliegt),
- Berücksichtigungszeiten wegen Kindererziehung (zusätzlich siebeneinhalb bzw. sieben Jahre zur Kindererziehungszeit von zweieinhalb bzw. drei Jahren je Kind),
- Zeiten der nicht erwerbsmäßigen Pflege von Angehörigen (auch in den letzten zwei Jahren vor Rentenantrag),
- Zeiten des Krankengeldbezugs und des Wehr- bzw. Zivildiensts,
- Zeiten der Arbeitslosigkeit mit Arbeitslosengeld I (maximal 12 bis 24 Monate je nach Alter) oder dem früheren Arbeitslosengeld (also nicht Zeiten mit Arbeitslosengeld II bzw. Hartz IV oder der früheren Arbeitslosenhilfe), falls diese Zeiten nicht in den letzten zwei Jahren liegen.

Der **Kreis der Berechtigten** für die neue abschlagsfreie Rente ab 63 Jahren nach 45 Versicherungsjahren ist also viel größer als üblicherweise angenommen wird. Insbesondere wird häufig vergessen, dass auch Zeiten mit freiwilligen Beiträgen über mindestens 18 Pflichtbeitragsjahre sowie zusätzliche Berücksichtigungszeiten wegen Kindererziehung bis zum zehnten Lebensjahr mit angerechnet werden.

Lassen Sie sich in der für Sie zuständigen Beratungsstelle der Deutschen Rentenversicherung genau ausrechnen, ob Sie die Wartezeit erfüllen.

Wer die 45 Versicherungsjahre nicht bis zur Altersgrenze von z.B. 64 Jahren für im Jahr 1958 geborene Versicherte schafft und nur um ein paar Monate verfehlt, kann in diesen fehlenden Monaten weiterarbeiten oder freiwillige Beiträge zahlen und dann den **Antrag** auf eine abschlagsfreie Rente **entsprechend später stellen.**

Abschlagsfreie Rente für schwerbehinderte Menschen

Neben der abschlagsfreien Alterssente ab 63 Jahren für besonders langjährig Versicherte nach 45 Versicherungsjahren gibt es schon länger die abschlagsfreie Altersrente für schwerbehinderte Menschen nach 35 Versicherungsjahren. Im Jahr 1958 geborene Schwerbehinderte erhalten die abschlagsfreie Rente mit 64 Jahren. Grundsätzlich können schwerbehinderte Menschen also **zwei Jahre vor Erreichen ihrer Regelaltersgrenze** abschlagsfrei in Rente gehen. Für ab 1964 geborene Schwerbehinderte liegt das Zugangsalter für die abschlagsfreie Rente somit bei 65 Jahren.

Das jeweilige Zugangsalter für die abschlagsfreie Rente von schwerbehinderten Menschen ist für alle Geburtsjahrgänge ab 1958 völlig identisch mit dem Zugangsalter für besonders langjährig Versicherte. Auf jeden Fall lohnt es sich, frühzeitig einen **Antrag auf Anerkennung als Schwerbehinderter** beim zuständigen Versorgungsamt zu stellen, sofern man unter größeren gesundheitlichen Einschränkungen (z. B. Krebserkrankung, schweres Asthma, erlittener Herzinfarkt) leidet. Man sollte damit also nicht bis zum Rentenantrag warten.

Wer zu den schwerbehinderten Menschen zählt

Die Altersrente für schwerbehinderte Menschen setzt zunächst einmal voraus, dass der Versicherte auch rentenrechtlich als schwerbehindert gilt. Das ist immer dann der Fall, wenn der Grad der Behinderung (GdB) mindestens 50 beträgt. Diesen **GdB von mindestens 50** müssen schwerbehinderte Menschen durch Vorlage ihres Schwerbehindertenausweises nachweisen.

Die Anerkennung als Schwerbehinderter können Sie bei dem für Sie zuständigen Versorgungsamt beantragen unter Vorlage von entsprechenden ärztlichen Bescheinigungen über gesundheitliche Handicaps. Nach Prüfung Ihres Antrags erhalten Sie dann einen Schwerbehindertenbescheid, der Auskunft über den Grad Ihrer Behinderung gibt.

Wartezeit von 35 Jahren für schwerbehinderte Menschen

Für die abschlagsfreie Schwerbehindertenrente ab 63 Jahren müssen Sie eine Wartezeit von 35 Jahren nachweisen. Im Gegensatz zu den geforderten 45 Versicherungsjahren bei der abschlagsfreien Rente ab 63 für besonders langjährig Versicherte werden bei schwerbehinderten Menschen zur Erfüllung der 35-jährigen Wartezeit **sämtliche rentenrechtlichen Zeiten** ohne jegliche Einschränkung angerechnet, also z. B. auch schulische Ausbildungszeiten und Zeiten mit freiwilligen Beiträgen.

Zu diesen **rentenrechtlichen** und auf die Wartezeit von 35 Jahren angerechneten **Zeiten** zählen somit:

- Pflichtbeitragszeiten,
- Zeiten mit versicherungspflichtigen Minijobs und nicht erwerbsmäßiger Pflege von Angehörigen,

- Zeiten mit freiwilligen Beiträgen,
- Zeiten mit Arbeitslosengeld I,
- Berücksichtigungszeiten (z.B. wegen Kindererziehung bis zu siebeneinhalb bzw. sieben Jahre je Kind),
- Anrechnungszeiten (z.B. schulische Ausbildungszeiten bis zu acht Jahren ab dem 17. Lebensjahr),
- Zeiten aus dem Versorgungsausgleich,
- Zeiten aus dem Rentensplitting unter Ehegatten oder eingetragenen Lebenspartnern.

In aller Regel werden schwerbehinderte Menschen diese Wartezeit von 35 Jahren bis zum vollendeten 63. Lebensjahr erfüllen. In Zeiten, in denen Sie ausnahmsweise nicht pflichtversichert sind, sollten Sie **freiwillige Beiträge** zur gesetzlichen Rente zahlen. Ein **Mindestbeitrag** von zurzeit 83,70 € im Monat **reicht** (das entspricht 18,6 % von 450,– €). Mit freiwilligen Beiträgen können Sie auf diese recht einfache Weise eventuell bestehende Lücken bequem schließen.

2.1.2 Abschlagspflichtige Frührenten mit 63

Langjährig Versicherte, die ebenfalls die Wartezeit von 35 Jahren erfüllen, können bereits mit 63 Jahren in Rente gehen. Allerdings nur mit Abschlag, der 0,3 % pro Monat bzw. 3,6 % pro Jahr für die Zeit vom Beginn der 63er-Rente bis zum Erreichen der Regelaltersgrenze ausmacht.

Im Jahr **1958** geborene langjährig Versicherte, die 2021 in Rente gehen, kommen bereits auf 36 Abschlagsmonate bzw. drei Abschlagsjahre und müssen einen Abschlagssatz von **10,8 %** in Kauf nehmen. Bei einer monatlichen Bruttorente von z.B. 1.500,– € vor Abschlag macht der monatliche Rentenabschlag bereits 162,– € aus. Die ausgezahlte Rente beträgt dann bloß 1.338,– € abzüglich der Beiträge zur Kranken- und Pflegeversicherung.

Noch schlechter sind die Jahrgänge ab **1964** dran, die als langjährig Versicherte ebenfalls mit 63 Jahren vorzeitig in Rente gehen wollen.

Bei ihnen fallen bereits 48 Abschlagsmonate bzw. vier Abschlagsjahre sowie ein Rentenabschlag in Höhe von **14,4 %** der monatlichen Bruttorente an. Bei einer Bruttorente von 1.500,- € vor Abschlag wäre dann sogar ein Rentenabschlag in Höhe von 216,- € fällig, also rund ein Siebtel. Die ausgezahlte Rente beträgt dann bloß 1.284,- € abzüglich der Beiträge zur Kranken- und Pflegeversicherung.

Viele halten diese Rentenabschläge von 0,3 % pro Monat bzw. 3,6 % pro Jahr, das vor Erreichen der Regelaltersgrenze liegt, für zu hoch. Aus finanzmathematischer Sicht sind sie aber eher **zu niedrig.**

Das zeigt folgende Beispielrechnung für eine monatliche Bruttorente von 1.500,- € eines im Jahr 1958 geborenen langjährig Versicherten, der entweder die Regelaltersrente mit 66 Jahren oder die abschlagspflichtige Frührente mit 63 Jahren bezieht.

Bei 20 Rentenjahren kann der **Regelaltersrentner** mit einer Rentensumme von brutto 360.000,- € (= 1.500,- € × 12 Monate × 20 Jahre) rechnen ohne Berücksichtigung von Rentensteigerungen und zusätzlichen Entgeltpunkten für drei Jahre Weiterarbeit vom 63. bis 66. Lebensjahr.

Der **Frührentner** mit 63 kommt aber auf 23 Rentenjahre und trotz Rentenabschlag auf eine Rentensumme von 369.288,- € (= monatlich 1.338,- € × 12 Monate × 23 Jahre).

Der monatliche Rentenabschlag von 162,- € wird also durch die um drei Jahre **verlängerte Rentenbezugsdauer** mehr als ausgeglichen. Erst bei einem Rentenabschlag von 4,33 % pro Jahr bzw. 0,36 % pro Monat wären die Summen in etwa gleich.

Sofern Sie langjährig versichert sind und auf rentenrechtliche Zeiten von mindestens 35 Jahren bis zur Vollendung des 65. Lebensjahres kommen, können Sie bereits mit 63 Jahren abschlagspflichtig in Rente gehen. Vor allem für Frauen ist das empfehlenswert, weil sie ihre Rente durchschnittlich rund vier Jahre länger beziehen als Männer.

Gesetzliche Zusatzrente: Extrabeiträge können sich lohnen | 2

Auch bei **schwerbehinderten Menschen** gibt es Rentenabschläge bei vorzeitigem Rentenbeginn mit 63 Jahren. Allerdings sinkt der Rentenabschlag. Wer z.B. im Jahr 1958 geboren und bei Rentenbeginn im Jahr 2021 schwerbehindert ist, muss lediglich einen Rentenabschlag von 3,6 % für ein Jahr bzw. zwölf Abschlagsmonate in Kauf nehmen. Das sind zwei Abschlagsjahre und immerhin 7,2 Prozentpunkte weniger im Vergleich zur abschlagspflichtigen Altersrente für langjährig Versicherte ab 63 Jahren.

Ab Jahrgang 1964 wird die Anzahl der Abschlagsmonate bei schwerbehinderten Menschen **auf 24 beschränkt,** sodass der Rentenabschlag von 14,4 % für langjährig Versicherte mit 63er-Rente auf 7,2 % für schwerbehinderte Menschen sinkt. Abschlagsmonate und Abschlagssatz werden also für alle ab 1964 geborenen Versicherten mit anerkannter Schwerbehinderung halbiert.

Schwerbehinderte Menschen ersparen sich im Vergleich zu den langjährig Versicherten somit die Rentenabschläge für zwei Jahre. Dieser **geringere Rentenabschlag** und die **Vorverlegung der Regelaltersgrenze** von 67 Jahren auf die abschlagsfreie Altersgrenze von 65 Jahren für ab 1964 geborene schwerbehinderte Menschen stellen echte finanzielle und zeitliche Vorteile vor.

Sofern Sie schwerbehindert sind und bis zum vollendeten 63. Lebensjahr auf mindestens 35 Jahre an rentenrechtlichen Zeiten kommen, sinkt der Rentenabschlag gegenüber den langjährig Versicherten um 7,2 Prozentpunkte für jeweils zwei Jahre.

Was viele nicht wissen: Schwerbehinderte Menschen können auch schon vor dem vollendeten 63. Lebensjahr mit Abschlag in Rente gehen. Da der Rentenabschlag immer auf 10,8 % begrenzt ist, sind das drei Jahre vor der besonderen abschlagsfreien Altersgrenze für Schwerbehinderte.

Für den Jahrgang 1958 liegt die abschlagsfreie Altersgrenze bei 64 Jahren. Also kann ein im Jahr 1958 geborener Schwerbehinderter bereits mit 61 Jahren und 10,8 % Abschlag in Rente gehen und ein im Jahr 1964 geborener Schwerbehinderter mit 62 Jahren und 10,8 % Abschlag.

Früher **mit Abschlag in Rente** zu gehen, ist für langjährig Versicherte und schwerbehinderte Menschen aller Jahrgänge eine Option. Fest steht: Langjährig Versicherte bis Jahrgang 1964 können bereits mit 63 Jahren abschlagspflichtig in Rente gehen und schwerbehinderte Menschen ebenso, aber mit geringeren Rentenabschlägen. Das wird auch für die Jahrgänge ab 1965 so bleiben.

Eine Garantie, dass auch die Rentenabschläge für langjährig Versicherte der Jahrgänge ab **1965** bei **14,4 %** festgezurrt werden, kann es aber nicht geben. Sofern die **Regelaltersgrenze** für diese Jahrgänge erhöht werden sollte, werden auch die Rentenabschläge steigen z.B. auf 18 % für den Jahrgang 1976, der bei einer künftig möglichen Regelaltersgrenze von **68 Jahren** schon mit 63 Jahren vorzeitig in Rente geht.

Im Übrigen gab es diesen höchstmöglichen Rentenabschlag von **18 %** bereits in der Vergangenheit für Versicherte, die mit 60 Jahren nach den Regelungen über die Altersrente für Frauen bzw. die Altersrente nach Altersteilzeit bzw. Arbeitslosigkeit in Rente gingen.

Wenn Sie als langjährig Versicherter oder schwerbehinderter Mensch den Rentenabschlag bei einer im Prinzip abschlagspflichtigen Rente ganz oder zumindest teilweise vermeiden wollen, können Sie diesen auch durch Sonderzahlungen bereits ab einem Alter von 50 Jahren ausgleichen. Dass sich dies aus finanzieller Sicht lohnt und wie das genau funktioniert, erfahren Sie im folgenden Kapitel.

2.2 Ausgleichsbeträge für mindestens 50-Jährige

Sonderzahlungen zum Ausgleich von Rentenabschlägen waren vor 2015 weitgehend unbekannt. Während im Jahr 2014 weniger als tausend Versicherte künftige Rentenabschläge abkauften, ist die **Anzahl der Abschlagskäufer** in den folgenden Jahren drastisch gestiegen bis auf rund 15.000 im Jahr 2019.

Gründe sind die relativ **hohen Rentensteigerungen** und **stabilen Beitragssätze** in der **umlagefinanzierten** gesetzlichen Rentenversicherung im Zeitraum von 2010 bis 2020. Durch die lang anhaltende **Niedrigzinsphase** haben die **kapitalgedeckten** Betriebsrenten und Privatrenten im Vergleich dazu an Attraktivität deutlich eingebüßt.

Sonderzahlungen zum Ausgleich von Rentenabschlägen in der gesetzlichen Rentenversicherung lohnen sich hingegen insbesondere für die Jahre, in denen der Beitragssatz noch unter 20 % liegt. Für solche Sonderzahlungen in den Jahren bis 2023 gilt daher die Regel: gesetzliche Rente schlägt Betriebsrente und Privatrente.

Musterfall für den Jahrgang 1964 mit 60 Entgeltpunkten

Wie hoch die Rentenabschläge und Ausgleichszahlungen ausfallen, soll anhand eines Musterfalls für im Jahr 1964 geborene langjährige Versicherte mit 60 erreichbaren Entgeltpunkten zum vollendeten **63. Lebensjahr im Jahr 2027** gezeigt werden.

Diese langjährig Versicherten müssen bei regelmäßig durchschnittlichem Bruttoverdienst (z.B. 2021: 41.541,– €) mit einem Rentenabschlag von 295,40 € nach heutigem Stand rechnen, also ohne Berücksichtigung von weiteren Rentensteigerungen. Die gesetzliche Rente würde brutto **2.051,40 €** (= 60 Entgeltpunkte × 34,19 € aktueller Rentenwert West ab 1.7.2021) vor Abschlag ausmachen und auf **1.756,– €** nach Rentenabschlag von 14,4 % fallen.

Zum Ausgleich dieses Rentenabschlags sind **Sonderzahlungen** in Höhe von insgesamt **77.988,36 €** erforderlich. Die Berechnung geht aus der folgenden Tabelle hervor. Typischerweise erscheint diese Sonderzahlung von rund 78.000,- € den meisten viel zu hoch.

Einige glauben, dass sich ein Abschlagsausgleich nicht lohne, da man erst **nach 22 Jahren** die eingezahlten Beträge durch die nunmehr abschlagsfreie Rente wieder zurückerhalte, also erst mit 85 Jahren. Eine solch grobe Überschlagsrechnung (77.988,36 € : 295,40 = 264 Monate bzw. 22 Jahre) unterstellt aber, dass es ab 2022 keine einzige Rentenerhöhung mehr geben würde. Das ist aber völlig unrealistisch.

Der hohe Ausgleichsbetrag von rund 78.000,- € lässt sich zudem bequem auf die Jahre 2021 bis 2026 verteilen, was auch aus steuerlichen Gründen optimal wäre. Wegen der ab 2024 steigenden Beitragssätze wäre es noch besser, die Teilzahlungen auf die drei Jahre von **2021 bis 2023** zu konzentrieren. Diese drei Teilzahlungen sind in einem bestimmten Gesamtrahmen **zu 92, 94 und 96 % steuerlich abzugsfähig.**

Die Zusatzrente durch Abschlagsausgleich wird ab 2027 zu 87 % versteuert. Zudem wird der persönliche Steuersatz in der Rentenphase deutlich geringer sein als in der Beitragsphase. Nach Steuern sind auf mehrere Jahre verteilte Teilzahlungen zum Ausgleich von Rentenabschlägen daher besonders attraktiv.

Tabelle 5: Ausgleichsbeträge im Jahr 2021 für langjährig Versicherte West (mit 60 erreichbaren Entgeltpunkten im Alter von 63 Jahren)

Jahrgang	Rentenabschlag in % und Euro	Ausgleichsbetrag pro EP *)	Entgeltpunkte-Minderung **)	Ausgleichsbetrag insgesamt ***)
1958	10,8 % = 221,55 €	8.662,14 €	6,48	56.130,67 €
1959	11,4 % = 233,86 €	8.720,80 €	6,84	59.650,27 €
1960	12,0 % = 246,17 €	8.780,26 €	7,20	63.217,87 €
1961	12,6 % = 258,48 €	8.840,53 €	7,56	66.834,41 €

Gesetzliche Zusatzrente: Extrabeiträge können sich lohnen | 2

Jahr-gang	Rentenabschlag in % und Euro	Ausgleichs-betrag pro EP *)	Entgeltpunkte-Minderung **)	Ausgleichs-betrag insgesamt ***)
1962	13,2 % = 270,78 €	8.901,64 €	7,92	70.500,99 €
1963	13,8 % = 283,09 €	8.963,60 €	8,28	74.218,61 €
ab 1964	**14,4 % = 295,40 €**	**9.026,43 €**	**8,64**	**77.988,36 €**

*) Ausgleichsbetrag pro Entgeltpunkt (EP) = (Durchschnittsentgelt West 41.541,– € in 2021 × Beitragssatz 0,186) : Zugangsfaktor

**) Entgeltpunkte-Minderung = 60 Entgeltpunkte × Rentenabschlag

***) Ausgleichsbetrag insgesamt = Ausgleichsbetrag pro Entgeltpunkt × Entgeltpunkte-Minderung

Für wen sich der Ausgleich von Abschlägen lohnt

Ob sich der Abschlagsausgleich lohnt, hängt von der erzielbaren **Rentenrendite vor und nach Steuern** ab. Die Höhe dieser Rentenrendite ist wiederum abhängig von folgenden Annahmen:

- Geburtsjahrgang,
- fernere Lebenserwartung nach Statistischem Bundesamt für Männer und Frauen des jeweiligen Geburtsjahrgangs im Alter von 63 Jahren,
- Art der Krankenversicherung (gesetzlich oder privat),
- Anzahl und Höhe der jährlichen Raten bei Teilzahlung,
- Grenzsteuersatz in der Beitrags- und Rentenphase.

Bei gesetzlich krankenversicherten Männern des Jahrgangs 1964 mit einer ferneren Lebenserwartung von 22 Jahren ab dem vollendeten 63. Lebensjahr liegt die Rentenrendite bei 1,4 % vor Steuern und 2,8 % nach Steuern, sofern der Grenzsteuersatz mit 35 % in der Beitragsphase und 25 % in der Rentenphase angenommen wird. Wegen der auf 26 Jahre steigenden Lebenserwartung von Frauen ab einem Alter von 63 Jahren steigt deren Rentenrendite auf 2,8 % vor Steuern und 4 % nach Steuern.

Am höchsten fallen die Rentenrenditen bei **privat krankenversicherten** Männern und Frauen aus. Bei Männern sind es 3,1 bzw. 4,4 % vor bzw. nach Steuern und bei Frauen sogar 4,3 bzw. 5,5 % vor bzw. nach Steuern.

 Leisten Sie Sonderzahlungen zum Ausgleich von Rentenabschlägen, sofern Sie dazu berechtigt sind und die nötigen finanziellen Mittel haben.

Wer zum Ausgleich von Abschlägen berechtigt ist

Jeder langjährig Versicherte oder schwerbehinderte Mensch, für den bis zum 63. Lebensjahr **rentenrechtliche Zeiten von 35 Jahren** erreichbar sind, kann Rentenabschläge auf eigenen Antrag hin ausgleichen. Es kommt nicht darauf an, ob er in der gesetzlichen Rentenversicherung pflichtversichert oder freiwillig versichert ist.

Auch wer zu einem späteren Zeitpunkt (z.B. vollendetes 64. bzw. 65. Lebensjahr für im Jahr 1958 bzw. 1964 Geborene) sogar auf **45 Versicherungsjahre** als besonders langjährig Versicherter kommt und dann die abschlagsfreie Rente erhalten kann, ist zum Ausgleich von Abschlägen berechtigt. Viele halten sich diese Option bewusst offen.

Selbst wer eventuell bis zum Erreichen der Regelaltersgrenze weiter arbeiten will und dann die abschlagsfreie Regelaltersrente erhält, kann Rentenabschläge ausgleichen. Das bedeutet: Auch wer nicht als langjährig Versicherter mit 63 Jahren abschlagspflichtig in Rente geht, sondern erst nach Erfüllung der 45-jährigen Wartezeit für die abschlagsfreie Rente für besonders langjährig Versicherte oder nach Erreichen der Regelaltersgrenze mit der abschlagsfreien Regelaltersrente, gilt als Berechtigter. In den zuletzt genannten beiden Fällen profitiert er von zusätzlichen Entgeltpunkten, die ihm gutgeschrieben werden. Er erhält dann eine **Zusatzrente »on top« zur abschlagsfreien Rente** hinzu.

Liegen die persönlichen Voraussetzungen für einen Ausgleich von Abschlägen bei einer vorzeitigen Altersrente vor, muss der Versicherte eine **besondere Rentenauskunft** bei der Deutschen Rentenversicherung (DRV) anfordern und das im Internet verfügbare **Formular V 0210** »Antrag auf Auskunft über die Höhe der Beitragszahlung zum Ausgleich einer Rentenminderung bei vorzeitiger Inanspruchnahme einer Rente wegen Alters« ausfüllen.

Sofern der Versicherte und Antragsteller die Wartezeit von 35 Jahren für die beabsichtigte Frührente mit z.B. 63 Jahren erfüllen kann, erhält er von der Deutschen Rentenversicherung dann eine **Berechnung des zu zahlenden Ausgleichsbetrags**. Erst nach Erhalt dieser Berechnung entscheidet er, ob er den Ausgleichsbetrag zahlt oder nicht.

Er geht mit dieser recht bürokratisch anmutenden Methode überhaupt **kein Risiko** ein. Erst mit Zahlung des Ausgleichsbetrags hat er seine endgültige Entscheidung zum Rückkauf von Rentenabschlägen getroffen. Selbstverständlich ist das gesamte Verfahren gebührenfrei.

Gemeinsame Regeln für den Abschlagsausgleich

Ab 1.7.2017 sind Sonderzahlungen (Einmal- oder Teilzahlungen) in die gesetzliche Rentenversicherung für alle **mindestens 50 Jahre** alten Versicherten mit erreichbaren 35 Versicherungsjahren bis zum gewünschten Renteneintritt mit z.B. 63 Jahren möglich, um Rentenabschläge bei vorzeitiger Altersrente nach § 187a SGB VI auszugleichen. Die Teilzahlungen können **jährlich** oder **halbjährlich** erfolgen.

Der Versicherte kann sich auch für ein späteres Renteneintrittsjahr entscheiden (z.B. mit 64 Jahren), um die Höhe des Rentenabschlags und des Ausgleichsbetrags zu verringern. Alternativ ist auch ein **teilweiser Ausgleich** des Rentenabschlags (z.B. zwei Drittel, die Hälfte oder nur ein Drittel) möglich. Der Abschlagsausgleich ist somit außerordentlich flexibel.

Eine Rückerstattung der Sonderzahlungen zum Ausgleich von Rentenabschlägen ist aber **nicht möglich.** Daher sollte jeder Berechtigte und am Abschlagsausgleich interessierte Versicherte genau prüfen, ob er sich wirklich an die Zahlung von hohen fünfstelligen Beträgen binden will.

Besonderheiten zum Abschlagsausgleich

Sofern sich der **Arbeitgeber** finanziell an der Zahlung des Ausgleichsbetrags beteiligt, kann er bis zur Hälfte des Ausgleichsbetrags in vollem Umfang **steuer- und sozialbeitragsfrei** leisten (siehe § 3 Nr. 28 EStG in Verbindung mit § 1 Abs. 1 Satz 1 Nr. 1 SvEV). Der Arbeitnehmer muss dann nur den restlichen Teil des Ausgleichsbetrags zahlen und kann diesen dann auf mehrere Jahre verteilen.

Wer Rentenabschläge und damit Ausgleichsbeträge für zwei Jahre vermeiden will, kann statt mit 63 erst mit 65 Jahren vorzeitig in Rente gehen. Er spart damit den Rentenabschlag von 7,2 %. Von 63 bis 65 kann er weiter arbeiten. Sofern er mit 63 arbeitslos wird, kann er **Arbeitslosengeld I** (ALG I) bei der zuständigen Agentur für Arbeit beantragen und ALG I als Brücke zur Rente mit 65 nutzen, die infolge zusätzlicher Rentenbeiträge durch die Arbeitsagentur weiter steigt.

Hat er den Arbeitsvertrag selbst gekündigt oder eine Aufhebungsvereinbarung mit seinem Arbeitgeber getroffen, wird eine Sperrzeit von sechs Monaten verhängt. Dadurch kann er ALG I höchstens für 18 Monate beziehen. Er muss in dieser Zeit allerdings für den Arbeitsmarkt zur Verfügung stehen und zumutbare Beschäftigungen akzeptieren, wenn das Netto-Einkommen höher als das ALG I ausfällt.

2.3 Nachzahlungsbeträge für unter 45-Jährige

Wer das **45. Lebensjahr** noch nicht vollendet hat, kann einen Nachzahlungsbetrag für nicht als Anrechnungszeiten anerkannte **Ausbildungszeiten** leisten. Anhand des Versicherungsverlaufs kann der Versicherte oder der Sachbearbeiter bei der örtlichen Beratungsstelle der Deutschen Rentenversicherung leicht die fehlenden Monate und Jahre ermitteln, für die Beiträge nachgezahlt werden sollen.

Zeiten einer schulischen Ausbildung (Schule, Fachschule, Hochschule oder berufsvorbereitende Bildungsmaßnahme) nach dem vollendeten 17. Lebensjahr werden höchstens bis zu acht Jahren angerechnet. Für alle Ausbildungszeiten, die über diese acht Jahre hinausgehen, können Nachzahlungen geleistet werden. Darüber hinaus kann auch die **Lücke** vom 16. bis zum 17. Lebensjahr durch einen Nachzahlungsbetrag geschlossen werden.

Insbesondere noch nicht 45 Jahre alte Akademiker, die z. B. erst mit 28 Jahren in den Beruf eingestiegen sind, sollten **Nachzahlungsbeträge** für insgesamt vier Jahre (drei Jahre für das über das 25. Lebensjahr hinaus gegangene Studium und zusätzlich noch ein Jahr für die Zeit vom 16. bis 17. Lebensjahr) nutzen. Der Mindestbeitrag für vier Jahre liegt bei 4.017,60 €, sofern man den aktuellen Beitragssatz von 18,6 % zugrunde legt.

Da es bei einem Nachzahlungsbetrag kurz vor dem vollendeten 45. Lebensjahr noch gut 18 Jahre bis zur Frührente mit 63 bzw. 22 Jahre bis zur Regelaltersgrenze von 67 Jahren für alle ab 1964 geborenen Versicherten sind, empfehlen sich relativ niedrige Beträge. Schon ein Mindestbeitrag von zurzeit **monatlich 83,70 €** für jeden fehlenden Monat reicht meist. Nur wer über größere finanzielle Mittel verfügt oder diese von seinen betagten Eltern erhält, sollte einen über 83,70 € monatlich liegenden Beitrag zahlen, der bei Zahlung im Jahr 2021 höchstens 1.320,60 € im Monat ausmachen darf.

Das nachträgliche Schließen von Lücken im Versicherungsverlauf mit einem Nachzahlungsbetrag bietet Ihnen gleich **zwei Vorteile**.

Erstens: Sie erhöhen damit die Wartezeiten für die abschlagspflichtige Rente ab 63. In gar nicht seltenen Fällen erreichen Sie erst mit diesem **Lückenfüller** die für eine abschlagspflichtige Frührente von langjährig Versicherten und schwerbehinderten Menschen geforderte 35-jährige Wartezeit.

Zweitens erwerben Sie zusätzliche **Entgeltpunkte** und erhöhen damit Ihre spätere Rente.

 Zahlen Sie Beiträge für Zeiten der Schul- und Hochschulausbildung und die Zeit vom 16. bis 17. Lebensjahr nach, sofern diese Zeiten nicht schon als Anrechnungszeiten berücksichtigt sind und Sie noch nicht das 45. Lebensjahr vollendet haben.

2.4 Freiwillige Beiträge für Nicht-Pflichtversicherte

Jede nicht pflichtversicherte Person kann **freiwillige Beiträge** zur gesetzlichen Rente zahlen, also auch Beamte, Freiberufler, Selbstständige, Nichterwerbstätige (Hausfrauen bzw. Hausmänner) oder Frührentner.

Es gibt wohl kaum einen Satz, der in dem für die gesetzliche Rentenversicherung bestimmten **Sechsten Sozialgesetzbuch** (SGB VI) so klar formuliert ist wie der in § 7 Abs. 1 enthaltene Satz 1: »Personen, die nicht versicherungspflichtig sind, können sich für Zeiten von der Vollendung des 16. Lebensjahres an freiwillig versichern«.

Berechtigte für eine freiwillige Versicherung

Wer freiwillige Beiträge zur gesetzlichen Rente zahlen möchte, darf also nicht pflichtversichert sein. Rentenversicherungspflichtige Arbeitnehmer können daher zurzeit keine freiwilligen Beiträge zahlen. Der Ausgleichsbetrag zum Rückkauf von Rentenabschlägen (siehe »Gesetzliche Zusatzrente: Extrabeiträge können sich lohnen«) zählt weder als Pflichtbeitrag noch als freiwilliger Beitrag. Rentenrechtlich handelt es sich dabei also um einen **Zwitter**.

Auch Nachzahlungsbeträge zum Schließen von Versicherungslücken (siehe Kapitel III) zählen im engeren Sinne nicht zu freiwilligen Beiträgen, sondern sind eine **Sonderform.**

Bisher gibt es für rentenversicherungspflichtige Arbeitnehmer also **keine Möglichkeit,** zusätzlich zu den geleisteten Pflichtbeiträgen gleichzeitig auch noch freiwillige Beiträge zu zahlen. Ob sich das künftig ändern wird, bleibt ungewiss. Vorschläge von Institutionen, Verbänden und Oppositionsparteien dazu gibt es zuhauf.

Z.B. könnte man die Höhe der freiwilligen Beiträge von rentenversicherungspflichtigen Arbeitnehmern dadurch beschränken, dass die Summe von Pflichtbeiträgen und freiwilligen Beiträgen nicht höher als der **jährliche Höchstbeitrag** von z.B. 15.847,20 € im Jahr 2021 (= 18,6% der Beitragsbemessungsgrenze West von 85.200,– € für die gesetzliche Rentenversicherung) sein darf. Höchstbeitragszahler, deren Verdienst bereits über dieser Beitragsbemessungsgrenze liegt, blieben dann von der freiwilligen Versicherung ausgeschlossen.

Zurzeit können aber nur **Nicht-Pflichtversicherte** freiwillige Beiträge zur gesetzlichen Rente zahlen. Seit 11.8.2010 und damit seit über zehn Jahren gilt das uneingeschränkt auch für Beamte und Freiberufler.

Ab 1.1.2017 können nach dem neu eingeführten **Flexirentengesetz** zudem erstmalig auch **Frührentner** noch freiwillige Beiträge für die Zeit vom Beginn ihrer Frührente bis zum Erreichen der Regelaltersgrenze zahlen. Der entsprechend geänderte Passus lautet nun: »Nach bindender Bewilligung einer Vollrente wegen Alters oder für Zeiten des Bezugs einer solchen Rente ist eine freiwillige Versicherung nicht zulässig, wenn der Monat abgelaufen ist, in dem die Regelaltersgrenze erreicht wurde«.

Im **Umkehrschluss** heißt dies: Personen mit einer Vollrente wegen Alters können sich bis zum Ablauf des Monats, in dem die Regelaltersgrenze erreicht wurde, freiwillig versichern. Das gilt für alle

2 | Gesetzliche Zusatzrente: Extrabeiträge können sich lohnen

Frührentner, die als besonders langjährig Versicherte, langjährig Versicherte oder schwerbehinderte Menschen vorzeitig eine Altersrente beziehen.

Freiwillige Beiträge können sogar noch über die Regelaltersgrenze hinaus geleistet werden, sofern statt der Vollrente wegen Alters eine Teilrente von z.B. 99 % der Vollrente beantragt wird. Die gesetzliche Rente sinkt dann zwar um 1 %. Allerdings eröffnet dieser geringe Verzicht die Weiterzahlung von freiwilligen Beiträgen und ermöglicht dementsprechend eine höhere Rente. Werden später keine freiwilligen Beiträge mehr gezahlt, kann man problemlos zur Vollrente wechseln.

Antrag auf Zahlung von freiwilligen Beiträgen

Wenn Sie freiwillige Beiträge zur gesetzlichen Rente zahlen wollen, müssen Sie zunächst das im Internet verfügbare **Formular V0060 »Antrag auf Beitragszahlung für eine freiwillige Versicherung«** ausfüllen. Die Fragen unter Punkt 3 über Ihren Beruf und Ihre Tätigkeit dienen lediglich zur Prüfung, ob Sie überhaupt zur freiwilligen Versicherung berechtigt sind.

Liegt diese Berechtigung zur freiwilligen Versicherung vor, wird die Deutsche Rentenversicherung Beginn und Höhe der freiwilligen Beitragszahlungen unter Punkt 4 sowie den gewählten Zahlungsweg (Abbuchung oder Überweisung) unter Punkt 5 nach Ihren Wünschen berücksichtigen. Im Merkblatt **V0061** finden Sie ausführliche Erläuterungen zum Ausfüllen des Antrags gemäß Formular V0060.

Sofern Sie wegen einer früheren versicherungspflichtigen Tätigkeit bereits eine **Versicherungsnummer** bei der Deutschen Rentenversicherung haben, geben Sie diese auf jeden Fall an. Das erleichtert die Bearbeitung. Eventuell können Sie dann sogar auf das Ausfüllen des Formulars V0060 verzichten und Ihren Antrag auf freiwillige Versicherung formlos stellen. Auf Nummer sicher gehen Sie aber immer, wenn Sie das Formular V0060 ausfüllen.

Höhe der freiwilligen Beiträge

Sie können, sofern Sie nicht rentenversicherungspflichtig sind, jeden beliebigen freiwilligen Beitrag zwischen **Mindest- und Höchstbeitrag** einzahlen. Sofern Sie bisher noch nicht in der gesetzlichen Rentenversicherung waren, müssen Sie mindestens **fünf Jahre** freiwillige Beiträge entrichten (Mindestversicherungszeit bzw. allgemeine Wartezeit). Nur dann haben Sie Anspruch auf eine gesetzliche Rente.

Im Jahr 2021 liegt der **Mindestbeitrag** bei 83,70 € monatlich und jährlich 1.004,40 €. Dieser Mindestbeitrag bleibt auch für die nachfolgenden Jahre 2022 und 2023 gleich, da sich der Beitragssatz von 18,6 % nicht verändern und der Mindestbeitrag aus 18,6 % von monatlich 450,– € bzw. jährlich 5.400,– € berechnet wird.

Der **Höchstbeitrag** liegt im Jahr 2021 bei monatlich 1.320,60 € und jährlich 15.847,20 €. Das sind 18,6 % der Beitragsbemessungsgrenze in der gesetzlichen Rentenversicherung West von monatlich 7.100,– € und 85.200,– € jährlich. Da sich die Beitragsbemessungsgrenzen in den folgenden Jahren laut Vorschaurechnung im aktuellen Rentenversicherungsbericht 2020 der Bundesregierung erhöhen werden, steigen auch die Höchstbeiträge an.

Lediglich Mindestbeiträge einzuzahlen, macht nur zum Schließen von Lücken bei der **Wartezeit** für eine vorgezogene Altersrente oder eine Regelaltersrente Sinn. Wer z.B. bis zum Alter von 63 Jahren nur auf 30 Pflichtbeitragsjahre kommen wird, kann in Zeiten ohne Pflichtversicherung für fünf Jahre freiwillige Beiträge einzahlen. Dann würde er als langjährig Versicherter die 35-jährige Wartezeit für eine abschlagspflichtige Rente mit 63 Jahren erfüllen und könnte schon mit 63 in Rente gehen.

 Da Sie als freiwillig Versicherter jeden individuellen Beitrag zwischen Mindest- und Höchstbeitrag zahlen können, hängt die Höhe der individuellen Beitragssumme für z.B. fünf Jahre ganz allein von Ihren vorhandenen finanziellen Mitteln ab. Wer z.B. von 2021 bis 2025 jedes Jahr 6.000,– € zahlt, kommt auf eine

Beitragssumme von 30.000,– €. Bei Rentenbeginn im Jahr 2026 wäre dann eine gesetzliche Rente von monatlich brutto 147,– € zu erwarten, die bei privat krankenversicherten Rentnern auf 159,– € steigen würde. Die garantierte gesetzliche Rente läge bei 133,– € brutto oder 144,– € einschließlich 8 % Zuschuss zur privaten Krankenversicherung.

Für regelmäßige freiwillige Beiträge zur gesetzlichen Rente ist die **Zahlungsweise nicht vorgeschrieben.** Regelmäßige freiwillige Beiträge können Sie monatlich, vierteljährlich, halbjährlich oder jährlich zahlen. Wenn Sie die Beiträge von Ihrem Konto abbuchen lassen, erteilen Sie der Deutschen Rentenversicherung eine Einzugsermächtigung (SEPA-Basis-Lastschriftmandat).

Meist empfiehlt es sich aber, den freiwilligen Beitrag jährlich zu überweisen, und zwar am besten jeweils im Dezember eines Jahres. Da Beiträge zur gesetzlichen Rentenversicherung nicht wie Beiträge zur betrieblichen oder privaten Altersvorsorge verzinst werden, bringt eine zeitlich davor liegende Zahlung keinen Vorteil.

Den Jahresbeitrag für ein bestimmtes Kalenderjahr (z.B. für 2021) können Sie auch noch nachträglich bis zum 31. März des folgenden Jahres (also z.B. am 31.3.2022) überweisen. Das müssen Sie auf dem Überweisungsträger aber ausdrücklich vermerken.

Wichtig: Steuerlich gilt das Abflussprinzip. Wenn Sie den Jahresbeitrag für 2021 erst im März 2022 bezahlen, können Sie diesen auch erst für das Jahr 2022 steuerlich geltend machen. Im Übrigen können Sie die Höhe des von Ihnen gewählten freiwilligen Beitrags auch jederzeit ändern, also erhöhen oder vermindern.

Je mehr Sie einzahlen, desto höher fällt selbstverständlich Ihr späteres **Rentenplus** aus. Wählen Sie aber nur einen freiwilligen Beitrag, den Sie sich auch finanziell leisten können, ohne sich dadurch einzuschränken, denn eine Möglichkeit der Rückerstattung freiwilliger Beiträge gibt es nicht.

Gesetzliche Zusatzrente: Extrabeiträge können sich lohnen | 2

 Zahlen Sie freiwillige Beiträge zur gesetzlichen Rente ein, sofern Sie nicht pflichtversichert sind und die nötigen finanziellen Mittel haben. Mindestbeträge empfehlen sich, wenn die Wartezeit von 35 Jahren bei der abschlagspflichtigen Rente mit 63 über diesen Weg noch erreicht werden kann.

Freiwillige Beiträge auch für Frührentner

Ab 1.1.2017 können auch Frührentner, die keinen versicherungspflichtigen Nebenjob haben, freiwillige Beiträge zur gesetzlichen Rente leisten und damit ihre Rente weiter erhöhen. Laut **Flexirentengesetz** ist dies nun nach dem neuen § 7 Abs. 2 SGB VI erstmals möglich. Bis Ende 2016 waren freiwillige Beiträge nach Bewilligung einer Vollrente wegen Alters, zu der auch eine vorzeitige Rente zählte, nicht erlaubt.

Wer z.B. als ehemals langjährig versicherter Arbeitnehmer bereits eine vorgezogene Altersrente (z.B. abschlagspflichtige Rente mit 63 nach 35 Versicherungsjahren) bezieht, kann freiwillige Beiträge noch bis zum Erreichen des Monats zahlen, in dem er die Regelaltersgrenze erreicht.

 Ein Mitte Mai 1954 geborener langjährig Versicherter ging ab 1.6.2017 mit 63 Jahren und 9,3 % Rentenabschlag in Rente. Da er vom 1.6.2017 bis zum Erreichen der Regelaltersgrenze zum 31.1.2020 jeweils freiwillige Höchstbeiträge in einer Summe von 39.048,65 € zahlte, sammelte er zusätzliche Entgeltpunkte und erhält ab 1.1.2021 ein Rentenplus von monatlich 186,91 €. Auf das Jahr gerechnet macht das jährliche Rentenplus von 2.242,92 € brutto immerhin 5,75 % der Beitragssumme aus. Nach 17 Jahren und 5 Monaten hat er die gezahlten freiwilligen Beiträge wieder über das Rentenplus zurückbekommen – ohne Berücksichtigung von weiteren Rentensteigerungen und steuerlichen Vorteilen.

Da dieser männliche Frührentner privat krankenversichert ist, kann er mit einer Rentenrendite von 2,9 % vor Steuern und 3,2 % nach Steuern rechnen. Berücksichtigt ist dabei neben der ferneren Lebenserwartung von 19 Jahren für einen 63-jährigen Mann eine jährliche Rentensteigerung von 2 % ab Beginn der Frührente und ein einheitlicher Grenzsteuersatz von 30 % in der Beitrags- und Rentenphase.

Die Zahlung freiwilliger Beiträge lohnt sich auch für Frührentner, um den Rentenabschlag nachträglich zu verringern. Im Beispielsfall hatte der langjährig Versicherte den Rentenabschlag bereits durch Sonderzahlungen vorher ausgeglichen, sodass er de facto mit 63 Jahren eine abschlagsfreie Rente erhielt.

Eine Voraussetzung müssen Frührentner, die ab 2017 freiwillige Beiträge zur gesetzlichen Rente zahlen wollen und können, aber auf jeden Fall erfüllen. Sie dürfen **nicht mehr rentenversicherungspflichtig** sein, also – wenn überhaupt – nur einen versicherungsfreien Minijob ausüben. Bei einer nicht erwerbstätigen Pflege von Angehörigen sind freiwillige Beiträge nicht möglich, da die Pflegekassen dafür Pflichtbeiträge entrichten. Ob es sich um eine vorgezogene Altersvollrente oder Altersteilrente handelt, spielt keine Rolle.

Da sich die Regelaltersgrenze von 66 Jahren für den Geburtsjahrgang 1958 stufenweise auf 67 Jahre ab Geburtsjahrgang 1964 erhöht, können künftige Frührentner **für immer mehr Monate freiwillige Beiträge** zur gesetzlichen Rente leisten. Die Anzahl der maximal möglichen freiwilligen Beitragsmonate steigt von 36 Monaten bei Jahrgang 1958 bis auf 48 Monate ab Jahrgang 1964.

Wie viele Frührentner künftig freiwillige Beiträge zahlen werden, bleibt selbstverständlich ungewiss. Die wenigsten werden von dieser Möglichkeit überhaupt wissen oder erst viel später davon erfahren. Die meisten werden es auch bei Kenntnis nicht tun, weil sie nicht über die **finanziellen Mittel** zur Zahlung von freiwilligen Beiträgen verfügen. Schließlich sind ihre Alterseinkünfte netto nach Beginn der Frührente deutlich niedriger im Vergleich zum zuletzt erzielten Nettogehalt.

Andererseits gibt es aber Frührentner, die gerade eine fünfstellige **Ablaufleistung** aus einer vor mindestens zwölf Jahren abgeschlossenen Kapital-Lebensversicherung oder privaten Rentenversicherung mit Ausübung des Kapitalwahlrechts erhalten. Andere haben möglicherweise vom Arbeitgeber eine hohe **Abfindung** bekommen, um früher als ursprünglich geplant ihr Arbeitsverhältnis zu beenden. Oder sie haben **geerbt** und wollen einen Teil des Geldes für die Aufstockung ihrer gesetzlichen Rente verwenden.

Sofern Sie bereits eine vorgezogene Altersrente beziehen und keinen versicherungspflichtigen Nebenjob ausüben, können Sie freiwillige Beiträge zur gesetzlichen Rente bis zum Erreichen Ihrer Regelaltersgrenze zahlen.

2.5 Rendite der gesetzlichen Rente

Für sozialversicherungspflichtig Beschäftigte zahlen Arbeitnehmer und Arbeitgeber je zur Hälfte Pflichtbeiträge. Deren Höhe hängt vom persönlichen Bruttoverdienst und dem geltenden Beitragssatz ab. Im Jahr 2021 liegen das vorläufige monatliche Durchschnittsentgelt bei 41.541,– € im Westen und der Beitragssatz bei 18,6 %. Das heißt: Der Gesamtbeitrag für einen Durchschnittsverdiener macht **7.726,63 € im Jahr 2021** aus, wovon der Arbeitnehmer die Hälfte trägt.

Dafür wird dem Arbeitnehmer genau **ein Entgelt- bzw. Rentenpunkt** gutgeschrieben. Bei einem aktuellen Rentenwert West von 34,19 € errechnet sich ein jährlicher Rentenanspruch von 410,28 €. Das sind immerhin 5,31 % des Jahresbeitrags. Das Beitrag-Rente-Verhältnis ist aktuell recht attraktiv.

Dieser jährliche Rentensatz von 5,31 % darf aber nicht mit der Rendite der gesetzlichen Rente verwechselt werden. Die Rendite der gesetzlichen Rente errechnet sich aus dem Vergleich aller **Rentenbeiträge in der Beitragsphase** mit den **Rentenleistungen in der Leistungsphase.**

Rendite der gesetzlichen Rente aus Pflichtbeiträgen laut DRV

In allen bisher vorliegenden Berechnungen wird die Rendite der gesetzlichen Rente aus Pflichtbeiträgen berechnet, und zwar **vor Steuern (Bruttorendite)** und **vor Inflation (Nominalrendite)**. Allein das erlaubt einen Vergleich mit der Rendite von Riester-Renten, Rürup-Renten und Renten aus der privaten Rentenversicherung, die ebenfalls durchweg **vor Steuern** und **vor Inflation** ermittelt werden.

Die Rendite der gesetzlichen Rente zu berechnen ist recht kompliziert. Schließlich müssen lange Zahlenreihen (z.B. für 40 Beitragsjahre und 20 Rentenjahre) zugrunde gelegt werden. Die interne Rendite bzw. Beitragsrendite der Altersrente ist dann der Zinssatz, bei dem die auf den Rentenbeginn aufgezinsten Beitragsausgaben gleich sind mit den abgezinsten Renteneinnahmen. Solange die **Summe aller zufließenden Renten über der Summe aller gezahlten Beiträge** liegt, fällt die Rendite der gesetzlichen Rente positiv aus. Eine negative Rendite ist auch in Zukunft nicht zu erwarten.

Zurzeit nennt die Deutsche Rentenversicherung (DRV) durchschnittliche **Renditen von 2 bis 3 %** nach ihrer Berechnungsmethode. Vor zehn Jahren hatte sie die Rendite für einen Standardrentner mit Rentenbeginn 1.1.2020 (also geboren am 1.1.1955) mit **2,9 % für Männer** und **3,5 % für Frauen** beziffert. Sofern der Rentenbeginn erst im Jahr 2030 erfolgt, sinkt die Rendite in den Modellfällen laut DRV dann auf **2,8 % für Männer** und **3,3 % für Frauen**.

Bereits seit über 20 Jahren berechnet die DRV interne Renditen der gesetzlichen Rente. Sie geht davon aus, dass lediglich **80 % des Gesamtbeitrags** für die reine Altersrente verwendet werden. Die restlichen 20 % dienen zur Finanzierung von Erwerbsminderungsrenten, Hinterbliebenenrenten (insbesondere Witwenrenten) und Rehabilitationsleistungen. Den so verbleibenden 80 % der Jahresbeiträge werden dann die Jahresbruttorenten inklusive der DRV-Zuschüsse zur Krankenversicherung (z.B. rund 8 % im Jahr 2021) gegenübergestellt.

Diese DRV-Berechnungsmethode (80 % des Gesamtbeitrags und rund 108 % der Bruttorente) ist aus dem Blickwinkel der Deutschen Rentenversicherung plausibel. Den Beitragsausgaben der Versicherten für die Altersrente entsprechen auf DRV-Seite die Beitragseinnahmen, und den Einnahmen der Rentner stehen bei der DRV die Rentenausgaben inklusive Zuschüssen zur Krankenversicherung gegenüber. In Fachbeiträgen der DRV-Mathematiker ist daher auch von der **Rendite der gesetzlichen Rentenversicherung** und nicht von der Rendite der gesetzlichen Rente die Rede.

Individuelle Renditen der gesetzlichen Rente aus Pflichtbeiträgen

Individuelle Rentenrenditen lassen sich allein auf der Grundlage von vorliegenden **Rentenbescheiden** der Rentner oder von Rentenauskünften der Versicherten errechnen. Zudem müssen plausible Annahmen über die Entwicklung der künftigen Beitragssätze, Durchschnittsentgelte und aktuellen Rentenwerte erfolgen, z. B. anhand des Rentenversicherungsberichts 2020 der Bundesregierung.

Eins steht auf jeden Fall fest: Die Rendite der gesetzlichen Rente gibt es gar nicht. Es kommt immer auf den **Einzelfall** an. Schließlich hängt die Rendite nicht nur vom Geburtsjahrgang und Geschlecht, sondern auch von der Art der Krankenversicherung ab (gesetzlich oder privat). Außerdem spielt die Art der Altersrente (Regelaltersrente, abschlagsfreie Rente für besonders langjährig Versicherte oder abschlagspflichtige Rente für langjährig Versicherte ab 63) eine Rolle. Darüber hinaus erhöhen zusätzliche Entgeltpunkte für beitragsgeminderte oder beitragsfreie Zeiten die Rendite.

Excel-Tabellen und speziell entwickelte Rentenrenditerechner für Rentner und Versicherte sind dann notwendige Helfer zur Berechnung der Rendite der gesetzlichen Rente in Originalfällen. Zusammen mit dem Mathematiker Friedmar Fischer hat der Autor dieses Beitrags individuelle Rentenrenditen berechnet, da ihnen eine Vielzahl von Originalfällen zu Bestands- und Neurentnern für die

Jahrgänge 1940 bis 1954 mit **Rentenbescheiden aus den Jahren 2003 bis 2020** vorlagen. Das geht aus ihrem Aufsatz »Die Rendite der gesetzlichen Rente« hervor, der in der vom Bundesverband der Rentenberater herausgegebenen Zeitschrift »rv – Die Rentenversicherung« veröffentlicht wurde.

Dabei zeigt sich, dass die Rendite nach der DRV-Berechnungsmethode zwischen **3 und 4,6 % bei den Rentnern** bzw. zwischen **3,5 und 5,1 % bei den Rentnerinnen** liegt. Die um 0,5 Prozentpunkte höhere Rendite bei den Rentnerinnen ist auf die längere fernere Lebenserwartung von Frauen zurückzuführen.

Einen **Wermutstropfen** gibt es aber für diese Rentner, sofern sie gesetzlich krankenversichert sind. Sofern man den von ihnen zu leistenden Beitrag in Höhe von rund 11 % von der Bruttorente abzieht und den danach verbleibenden Zahlbetrag als Renteneinnahme ansetzt, sinken die Renditen auf **2,5 bis 3,9 % bei den Rentnern** bzw. **2,9 bis 4 % bei den Rentnerinnen.**

Nur bei **privat krankenversicherten** Rentnern und Rentnerinnen, die von der DRV einen Zuschuss von rund 8 % der Bruttorente zu ihrer privaten Krankenversicherung erhalten, stimmen die entsprechend höheren Renditen exakt mit der DRV-Berechnungsmethode überein.

Künftig sinkende Rentenrenditen für Versicherte

Die Rentenrenditen für Versicherte, die erst nach 2025 in Rente gehen, werden geringer ausfallen, da die **Beitragssätze steigen** und das **Rentenniveau sinken** werden. Man kann vom Gesetz der sinkenden Rentenrendite sprechen nach dem Motto »Je jünger, desto geringer die Rendite der gesetzlichen Rente«.

In zwei Originalfällen für im Jahr 1970 und 1980 geborene männliche Versicherte, die nach 43 bzw. 38 Beitragsjahren die Regelaltersgrenze von 67 Jahren erreichen, sinkt die Rendite auf **3,1 bzw. 2,7 %**

nach der DRV-Berechnungsmethode. Sofern diese dann auch als Rentner gesetzlich krankenversichert sind, rutscht die Rendite um weitere rund 0,7 Prozentpunkte auf nur noch **2,4 bzw. 2 %**.

Bei Neuversicherten, die erst ab 2021 erstmalig Beiträge zur gesetzlichen Rente zahlen und zu den Geburtsjahrgängen ab 1990 gehören, errechnen sich nach der DRV-Berechnungsmethode Renditen von durchschnittlich **2,5 % für Männer** bzw. **2,8 % für Frauen**. Falls diese Neuversicherten als spätere Rentner gesetzlich krankenversichert sind, fallen auch deren Renditen weiter um 0,7 Prozentpunkte auf durchschnittlich **1,8 % bei den Männern** und **2,1 % bei den Frauen**.

Extrabeiträge zur gesetzlichen Rentenversicherung rentieren sich im Vergleich zu betrieblichen und privaten Rentenpolicen insbesondere aufgrund der geringeren Vertriebs- und Verwaltungskosten der Deutschen Rentenversicherung sowie aufgrund der Rentensteigerungen, die sich an der Lohnentwicklung orientieren.

3 Betriebsrente: Zuschüsse vom Chef sichern

18,2 Millionen und somit rund 54 % aller sozialversicherungspflichtig Beschäftigten hatten Ende 2019 Anwartschaften auf eine Betriebs- oder Zusatzrente laut Alterssicherungsbericht 2020 der Bundesregierung. Zieht man davon die 5,8 Millionen tarifbeschäftigten Arbeitnehmer im öffentlichen Dienst mit Anspruch auf eine Zusatzrente ab, bleiben noch **12,4 Millionen** Arbeitnehmer in der Privatwirtschaft mit Anspruch auf eine **Betriebsrente.** Das sind lediglich rund 44 % aller sozialversicherungspflichtig beschäftigten Arbeitnehmer in der Privatwirtschaft. In Sachen betrieblicher Altersvorsorge ist also noch viel Luft nach oben.

Die 5,8 Millionen Angestellten im öffentlichen Dienst haben es da besser. Sie sind pflichtversichert in der Zusatzversorgung und haben somit **alle** einen Anspruch auf Zusatzrente, sofern sie auf mindestens fünf Pflichtversicherungsjahre kommen.

3.1 Verbreitung der betrieblichen Altersvorsorge

Die betriebliche Altersvorsorge bietet allen sozialversicherungspflichtigen Arbeitnehmern die Möglichkeit, die **gesetzliche Rente** (1. Säule der Altersvorsorge) um eine **Betriebsrente** (2. Säule der Altersvorsorge) zu ergänzen. Gesetzliche Rente und Betriebsrente machen dann zusammen mit einer eventuell abgeschlossenen **Privatrente** (3. Säule der Altersvorsorge) die Gesamtversorgung im Alter aus.

Seit 2002 haben alle Arbeitnehmer nach § 1 Betriebsrentengesetz einen **gesetzlichen Anspruch auf betriebliche Altersvorsorge** und speziell nach § 1a auf eine betriebliche Altersvorsorge durch **Entgeltumwandlung.** Sofern der Arbeitgeber von sich aus keine Altersvorsorge anbietet, kann der Arbeitnehmer zumindest den Abschluss einer von ihm allein finanzierten Direktversicherung verlangen.

3 | Betriebsrente: Zuschüsse vom Chef sichern

Statt auf die sozialabgabenfreie und steuerfreie Entgeltumwandlung zu setzen, können sich die Arbeitnehmer alternativ oder ergänzend auch für eine **betriebliche Riester-Rente** entscheiden. Das wurde von den Beschäftigten in der Privatwirtschaft bisher aber kaum genutzt.

Beamte können keine Betriebsrente erhalten. Alle tarifbeschäftigten Angestellten im öffentlichen und kirchlichen Dienst sind in der Zusatzversorgung pflichtversichert und können sich **darüber hinaus noch freiwillig versichern** über eine Entgeltumwandlung oder eine betriebliche Riester-Rente.

In der betrieblichen Altersversorgung gibt es insgesamt fünf **Durchführungswege:**

- Direktversicherung,
- Pensionskasse,
- Pensionsfonds,
- Direktzusage,
- Unterstützungskasse.

Laut Alterssicherungsbericht der Bundesregierung von 2020 entfielen von 15,2 Millionen aktiven Verträgen in der Privatwirtschaft (einschließlich 2,8 Millionen Mehrfachverträgen) Ende 2019 fast **zwei Drittel auf Direktversicherungen** (5,2 Millionen) und Pensionskassen (4,7 Millionen) und ein Drittel auf Direktzusagen und Unterstützungskassen (zusammen 4,7 Millionen). Nur 0,5 Millionen Verträge waren Ende 2019 über einen Pensionsfonds abgeschlossen.

Rund die Hälfte aller Verträge zur Direktversicherung oder Pensionskasse lief über die **Entgeltumwandlung,** bei der ein Teil des künftigen Brutto- oder Nettogehalts nach § 1 Abs. 2 Ziffer 2 Betriebsrentengesetz in wertgleiche Anwartschaften auf Versorgungsleistungen umgewandelt wird.

Finanziert wurden die Beiträge zur betrieblichen Altersvorsorge entweder allein vom Arbeitnehmer (in 20 % der Fälle), allein vom Arbeitgeber (24 %) oder gemeinsam von **Arbeitnehmer und Arbeitgeber in 68 % aller Fälle** inklusive Doppelzählung bei Mehrfachanwartschaften. Die ausschließlich arbeitnehmerfinanzierte betriebliche Altersvorsorge stellt zurzeit noch die Ausnahme dar.

Am häufigsten ist die betriebliche Altersvorsorge laut Alterssicherungsbericht 2020 der Bundesregierung mit 88 % aller Beschäftigten im Bank- und Versicherungsgewerbe vertreten. Noch gut 67 % der Beschäftigten sind es im Gesundheits- und Sozialwesen einschließlich Erziehung und Unterricht, 58 % im Bereich Information und Kommunikation sowie 56 % im verarbeitenden Gewerbe.

Es nimmt nicht wunder, dass die betriebliche Altersvorsorge besonders in Konzernen und anderen Großbetrieben weit verbreitet ist. In Klein- und Mittelbetrieben ist der Anteil der Arbeitnehmer mit einer betrieblichen Altersvorsorge deutlich geringer als in Großbetrieben. Die Bundesregierung will insbesondere die betriebliche Altersvorsorge in **kleinen und mittleren Unternehmen stärken**.

Die **Zusatzversorgung im öffentlichen und kirchlichen Dienst** (ZÖD) ist mit der betrieblichen Altersversorgung in der Privatwirtschaft (bAV) nur schwer vergleichbar, da sie eine Pflichtversicherung für alle Angestellten des öffentlichen und kirchlichen Dienstes ist und zudem immer eine gemischte Finanzierung darstellt (z.B. Arbeitgeber-Umlage 6,45 % und Arbeitnehmer-Umlage 1,81 % bei der VBL im Tarifgebiet West). In diesem Kapitel geht es ausschließlich um die **betriebliche Altersvorsorge bzw. Altersversorgung in der Privatwirtschaft** sowie um zusätzliche freiwillige Versicherungen für Angestellte des öffentlichen und kirchlichen Dienstes.

Seit 2018 ist das **Betriebsrentenstärkungsgesetz (BRSG)** in Kraft. Kern der neuen Betriebsrente für Neuabschlüsse ab 1.1.2018 ist der vollständige **Garantieverzicht** und damit die Enthaftung der Arbeitgeber, die nur noch eine reine Beitragszusage erteilen nach dem Prinzip »pay and forget« (zahlen und vergessen). Der Wegfall von

Garantien soll zu höheren Betriebsrenten führen, die künftig als Zielrenten bezeichnet werden und daher unverbindlich sind. Dies eröffnet Arbeitnehmern höhere Renditechancen, ist aber zugleich auch mit höheren Risiken verbunden.

Zu den Vorteilen der neuen Betriebsrente zählen der verpflichtende **Arbeitgeberzuschuss in Höhe von 15 %** des umgewandelten Betrages bei Betriebsrenten aus der sozialabgaben- und steuerfreien Entgeltumwandlung, der Wegfall des Beitrags zur gesetzlichen Kranken- und Pflegeversicherung bei neu abgeschlossenen oder erst ab 2018 beginnenden betrieblichen Riester-Renten sowie ein spezieller Förderbetrag des Arbeitgebers von 144,– € bis 288,– € pro Jahr bei Geringverdienern mit einem monatlichen Bruttogehalt bis zu 2.575,– € ab 2020.

Erste neue Betriebsrente ab 1.7.2021

Ob die »neue Welt« der Betriebsrente **ohne Garantien,** aber mit neuen finanziellen Anreizen tatsächlich besser als die »alte Welt« sein wird, bleibt abzuwarten. Lange hat es gedauert, bis die neue Betriebsrente (nach der Ex-Bundessozialministerin Andrea Nahles auch »Nahles-Rente« genannt) tatsächlich in die Tat umgesetzt wurde.

Im März 2021 haben Tarifparteien erstmalig eine betriebliche Altersvorsorge (bAV) nach dem **Sozialpartnermodell** beschlossen. Der Versicherer Talanx als Arbeitgeber hat sich mit der Gewerkschaft Verdi auf einen entsprechenden Vertrag für seine 11.000 Arbeitnehmer in Deutschland geeinigt. Von Juli 2021 an sollen diese freiwillig in das System einzahlen können. Talanx legt noch einmal denselben Betrag drauf.

Dieser Tarifvertrag ermöglicht dem Versicherer und Arbeitgeber Talanx erstmals, bloß einen **bestimmten Beitrag** zuzusagen und nicht eine bestimmte Rentenauszahlung. Von der Arbeitgeberhaftung für die spätere Rente, wie sie sonst in der betrieblichen Altersversorgung gilt, ist Talanx befreit.

Auch fixe Zinsgarantien sind verboten. Das soll den Freiraum der Versicherer bei der Kapitalanlage und damit die Rendite-Chancen für die Sparer erhöhen, denn bei Garantieprodukten sind die Anbieter gezwungen, vor allem in festverzinsliche Papiere zu investieren, während das neue Modell einen **hohen Aktienanteil** erlaubt. Im Fall Talanx liegt der Aktienanteil bei 50 %.

Ein zusätzlicher **Sicherungsbeitrag** in Höhe von 5 % der Beiträge aus der Talanx-Kasse wurde vereinbart. Droht eine Absenkung des Rentenanspruchs wegen Schwankungen am Kapitalmarkt, soll dieser Puffer sie ausgleichen. Ein weiterer Sicherheitsmechanismus: Bei Renteneintritt werden erreichte Rentenansprüche nicht nur zu 100 %, sondern zu **112,5 % mit Kapital abgedeckt.** Auch das dient dem Ausgleich etwaiger Schwankungen am Kapitalmarkt.

Für Verdi war bei der Vereinbarung außerdem wichtig, dass Talanx sich mit einem **Arbeitgeberzuschuss** an der Betriebsrente beteiligt. Talanx will mit dem Haustarifvertrag für die Talanx-Belegschaft eine Blaupause für weitere Vereinbarungen auch außerhalb der eigenen Branche liefern. Laut Talanx-Manager von Löbbecke kann man damit rechnen, dass gegenüber einer klassischen betrieblichen Altersversorgung das Doppelte herauskommt. Er bezifferte die erreichbare **Rendite auf 3,85 % des Beitrags nach Kosten.**

Verdi ist bereits mit weiteren Interessenten im Gespräch über vergleichbare Abschlüsse, so z. B. mit dem Arbeitgeberverband des privaten Bankengewerbes und mit einem Unternehmen aus dem Energiebereich.

3.2 Entgeltumwandlung als betriebliche Altersvorsorge

Eine betriebliche Altersvorsorge in Form der Gehalts- bzw. **Entgeltumwandlung** liegt dann vor, wenn künftige Entgeltansprüche in Anwartschaften auf eine betriebliche Altersversorgung umgewandelt werden. Der Arbeitnehmer verzichtet somit auf Teile des bereits vereinbarten Entgelts (z.B. auf einen Teil des laufenden Gehalts bzw. Teile des Weihnachts- oder Urlaubsgeldes) für künftig von ihm noch zu erbringende Arbeitsleistungen. Dieser Gehalts- bzw. Entgeltteil wird dann vom Arbeitgeber zum Erwerb von Betriebsrentenansprüchen verwendet.

Die Entgeltumwandlung kann grundsätzlich über **zwei Wege** erfolgen – entweder über eine Umwandlung von Teilen des Bruttogehalts (Brutto-Entgeltumwandlung) oder Teilen des individuell versteuerten und in der Sozialversicherung verbeitragten Arbeitslohns (Netto-Entgeltumwandlung).

3.2.1 Brutto-Entgeltumwandlung (»Eichel-Förderung«)

Im ersten Fall der **Brutto-Entgeltumwandlung** können nach § 1a Abs. 1 Betriebsrentengesetz bis zu **4% der Beitragsbemessungsgrenze in der gesetzlichen Rentenversicherung** im Jahr steuerfrei in eine betriebliche Altersvorsorge umgewandelt werden. Das nennt man nach dem früheren Bundesfinanzminister Hans Eichel auch »Eichel-Förderung« bzw. Entgeltumwandlung im engeren Sinne.

Die **steuer- und sozialabgabenfreie Entgeltumwandlung** bis zu 284,- € monatlich im Jahr 2021 (4% der monatlichen Beitragsbemessungsgrenze in der gesetzlichen Rentenversicherung West von 7.100,- €) steht ganz eindeutig im Vordergrund. Insbesondere Arbeitnehmer, deren Gehalt unter der Beitragsbemessungsgrenze von monatlich 4.837,50,- € in der gesetzlichen Krankenversicherung im Jahr 2020 liegt, sparen den kompletten Arbeitnehmeranteil an den Sozialabgaben von rund 20% ein und darüber hinaus noch Steuern. Bei alleinstehenden Arbeitnehmern in Lohnsteuerklasse I liegt der Netto-Beitrag daher meist nur bei der Hälfte des Brutto-Beitrags.

Die **zusätzliche nur steuerfreie Entgeltumwandlung** in Höhe von weiteren 4% der Beitragsbemessungsgrenze im Jahr ist in der Regel nur für Höher- und Spitzenverdiener mit einem persönlichen Grenzsteuersatz von über 40% interessant. Insgesamt können also bis zu **8 %** des **Bruttoentgelts** in eine betriebliche Altersvorsorge umgewandelt werden. Das sind derzeit monatlich 568,– € bzw. 6.816,– € für das Jahr 2021.

3.2.2 Netto-Entgeltumwandlung (»Riester-Förderung«)

Die **Netto-Entgeltumwandlung** im zweiten Fall (auch als »Entgeltverwendung« bezeichnet, da aus dem Nettogehalt finanziert) wird seltener praktiziert und ist besser unter dem Namen »**betriebliche Riester-Rente**« bekannt, da sie von Ex-Bundesarbeitsminister Walter Riester ebenso wie die private Riester-Rente aus der Taufe gehoben wurde.

Die »Riester-Förderung« besteht aus **Zulagen und eventuell zusätzlichen Steuerersparnissen** für Beiträge inklusive Zulage bis zu 4 % von 2.100,– € pro Jahr. Sozialabgaben können bei der betrieblichen Riester-Rente ebenso wenig wie bei der privaten Riester-Rente eingespart werden. Seit dem Inkrafttreten des Betriebsrentenstärkungsgesetzes in 2018 ist die betriebliche Riester-Rente für gesetzlich krankenversicherte Rentner allerdings auch nicht mehr beitragspflichtig.

Beiträge zur gesetzlichen Kranken- und Pflegeversicherung spielen also wie bei der privaten Riester-Rente sowohl in der Beitragsphase als auch in der Rentenphase keine Rolle mehr, sofern der Riester-Rentner in der KVdR (Krankenversicherung der Rentner) pflichtversichert ist.

3.3 Auswahlkriterien: Worauf es ankommt

Die betriebliche Altersvorsorge durch Entgeltumwandlung erfolgt vor allem durch Direktversicherungen und Pensionskassen. Die Vielfalt von Anbietern erschwert den Überblick für Arbeitnehmer. Allerdings ist es notwendig, die entscheidenden **Knackpunkte** und **Stellschrauben** zu kennen.

3.3.1 Direktversicherungen und Pensionskassen als Anbieter

Die betriebliche Altersvorsorge kann zwar über insgesamt **fünf verschiedene Durchführungswege** (Direktversicherung, Pensionskasse, Pensionsfonds, Direktzusage oder Unterstützungskasse) vorgenommen werden. Direktzusage und Unterstützungskasse als rein arbeitgeberfinanzierte Durchführungswege kommen jedoch für eine Entgeltumwandlung nicht infrage.

Daher bleiben für die **Entgeltumwandlung nur drei Durchführungswege** (Direktversicherung, Pensionskasse und Pensionsfonds) übrig. Da die erst seit 2002 möglichen Pensionsfonds mit lediglich 2 % aller Verträge nur eine relativ geringe Bedeutung haben und wegen der Anlage des Fondsvermögens bis zu 70 % in Aktien wohl nur für jüngere Arbeitnehmer attraktiv sind, beschränkt sich das Angebot in der Praxis weitgehend auf Direktversicherungen und Pensionskassen.

Bei **Direktversicherungen** schließt der Arbeitgeber als Versicherungsnehmer direkt Lebens- bzw. Rentenversicherungen für seine Arbeitnehmer ab. Die Arbeitnehmer sind also die versicherten Personen. Bei reinen Altersrenten sind sie auch die alleinigen Bezugsberechtigten. Nur bei Abschluss einer zusätzlichen Hinterbliebenenabsicherung sind im Todesfall des versicherten Arbeitnehmers bzw. Altersrentners auch Ehepartner und Kinder bezugsberechtigt für eine Witwen-, Witwer- oder Waisenrente.

Auf dem Markt der Direktversicherungen mit insgesamt über fünf Millionen aktiven Verträgen hat die **Allianz Lebensversicherung** eine dominierende Stellung. Sie ist z.B. Konsortialführer bei der Metallrente oder der Zusatzrente über die VBLU für Angestellte in bundes- oder landesgeförderten Unternehmen wie Stiftung Warentest oder DIHK (Deutscher Industrie- und Handelstag).

Die Konsortialpartner bei der **Metall Direktversicherung** sind neben dem Konsortialführer Allianz noch Ergo, R+V, Swiss Life und

Generali. Der Versorgungsverband bundes- und landesgeführter Unternehmen (VBLU) schließt für seine Mitgliedsunternehmen und deren Beschäftigte einen Gruppenversicherungsvertrag zur **VBLU Direktversicherung** mit einem Versicherungskonsortium aus insgesamt neun Lebensversicherungsgesellschaften ab, zu denen wiederum Allianz, Ergo, R+V und Generali gehören und darüber hinaus auch noch Württembergische, Alte Leipziger, Iduna, Debeka und DBV. Auch Direktversicherer wie Europa Lebensversicherung und Hannoversche Leben, die Versicherungsverträge mit ihren Versicherten direkt ohne Vermittler abschließen, bieten Direktversicherungen für Arbeitgeber und deren Beschäftigte an.

Mit knapp fünf Millionen aktiven Verträgen folgen die **Pensionskassen.** Dazu zählen einmal die von Lebensversicherungsgesellschaften als Tochterunternehmen gegründeten Pensionskassen wie z.B. Allianz PK, Ergo PK, R+V PK und Debeka PK. Diese Pensionskassen der privaten Lebensversicherer sind Aktiengesellschaften und dereguliert. Das heißt: Sie müssen sich an den jeweils festgelegten Garantiezins von z.B. 0,25 % bei Neuabschluss ab 2022 halten und an die Sterbetafel DAV 2004 R der privaten Rentenversicherer. Im Insolvenzfall springt die Auffanggesellschaft Protektor ein.

Außer den neueren Pensionskassen der privaten Lebensversicherer gibt es aber auch klassische bzw. traditionelle Pensionskassen, die nicht von Lebensversicherungsgesellschaften gegründet wurden. Dabei handelt es sich um **Versicherungsvereine auf Gegenseitigkeit (VVaG),** die den Garantiezins auch überschreiten und von der DAV 2004 R abweichende Sterbetafeln anwenden dürfen. Dadurch liegen die von ihnen zugesagten Betriebsrenten **oft höher** im Vergleich zu den garantierten Betriebsrenten der Pensionskassen, die als Töchter von Lebensversicherern fungieren.

Da diese traditionellen Pensionskassen von der **BaFin** (Bundesanstalt für Finanzdienstleistungsaufsicht) kontrolliert werden, gelten sie als regulierte Pensionskassen. Der Sicherungseinrichtung Protektor gehören sie nicht an. Da die Rentenzusagen nicht garantiert sind, können die bereits zugesagten Leistungen zum Ausgleich von Fehlbeträgen auch herabgesetzt werden (Sanierungsklausel). Wenn diese traditionellen Pensionskassen wie z.b. die Kölner Pensionskasse, die Caritas Pensionskasse und die Deutsche Steuerberater-Versicherung in finanzielle Not geraten und die Betriebsrenten kürzen, springt ab 2021 der **Pensionssicherungsverein (PSV)** ein und sichert die Betriebsrenten ab. Er stützt aber nicht die notleidende Pensionskasse, sondern springt nur für den insolventen Arbeitgeber ein.

Die größten, allein für **bestimmte Firmen** tätigen Pensionskassen sind die BVV Pensionskasse für das Bankgewerbe, die Baupensionskasse Soka-Bau mit Angeboten für das Baugewerbe und für baunahe Branchen sowie die bereits im Jahr 1905 gegründete HPK (Hamburger Pensionskasse) für 2.000 Mitgliedsunternehmen aus dem Bereich des Handels.

Es gibt jedoch auch traditionelle Pensionskassen, deren Angebote für **alle Arbeitgeber und deren Beschäftigte** offen sind. Dazu zählen z.B. die im Jahr 1930 gegründete PKDW (Pensionskasse der deutschen Wirtschaft) mit 750 Mitgliedsunternehmen und die bereits seit 1901 bestehende DPV (Dresdener Pensionskasse Versicherung) mit über 400 Mitgliedsunternehmen.

Sofern der Arbeitgeber von sich aus keine betriebliche Altersvorsorge anbietet, kann der Arbeitnehmer seit 2002 zumindest den Abschluss einer auf seinen Namen lautenden und von ihm allein finanzierten Direktversicherung verlangen. In den weitaus meisten Fällen dürfte aber die vom Arbeitgeber angebotene betriebliche Altersvorsorge lukrativer sein, da es sich dabei um einen **Gruppenvertrag** handelt. Dem Betriebsrat sollte daran gelegen sein, gemeinsam mit dem Arbeitgeber eine besonders geeignete Altersvorsorgeeinrichtung auszuwählen. Das kann durchaus auch eine branchenspezifische Pensionskasse wie Soka-Bau und HPK oder eine branchenunabhängige Pensionskasse wie PKDW und DPV sein. Bei den Rentenleistungen sind diese traditionellen Pensionskassen nahezu immer den Pensionskassen der Lebensversicherer und den Direktversicherungen überlegen.

3.3.2 Rechnungsgrundlagen (Zinssätze, Kosten, Sterbetafel)

Von Nutzen ist es auf jeden Fall, die wichtigsten Rechnungsgrundlagen der Pensionskassen genauer unter die Lupe zu nehmen. Traditionelle Pensionskassen können z.B. mit einem höheren Rechnungs- bzw. **Garantiezins** kalkulieren. Statt nur **0,25 %** bei Neuabschlüssen **ab 2022** über Pensionskassen der Lebensversicherer sind bei einigen traditionellen Pensionskassen auch heute noch mehr drin.

Das könnte z.B. für DPV (Dresdener Pensionskasse mit Angebot für alle Arbeitgeber), Hannoversche PK (Angebot nur für Unternehmen mit einem besonderen sozialen, ökologischen oder gemeinnützigen Engagement und für anthroposophische Einrichtungen) und PK westdeutscher Genossenschaften (für Unternehmen im Genossenschaftswesen oder diesem nahestehende Unternehmen) zutreffen.

Höhere Garantiezinssätze führen zwangsläufig zu höheren garantierten bzw. zugesagten Betriebsrenten. Die Höhe der möglichen Betriebsrenten hängt davon ab, mit welcher **laufenden Verzinsung** die Pensionskasse kalkuliert.

Ganz wichtig ist auch die **Kostenstruktur** bei Direktversicherungen und Pensionskassen. Mit einmaligen Abschlusskosten von 1,5 % und laufenden Verwaltungskosten von 2,7 % der Beiträge weist die DPV recht niedrige Kosten aus. Bei den ebenfalls ohne Provisionen arbeitenden Zusatzversorgungskassen für Angestellte des öffentlichen und kirchlichen Dienstes (VBL und BVK) machen die laufenden Verwaltungskosten ebenfalls weniger als 3 % aus.

Typischerweise liegen die Abschluss- und Verwaltungskosten bei Einzeltarifen von Direktversicherungen und Pensionskassen der Lebensversicherer deutlich höher. Diese Kosten lassen sich aber senken, wenn der Arbeitgeber mit den privaten Versicherern **Gruppentarife** aushandelt. Bei gleichem Beitrag gibt es dann höhere Betriebsrenten.

Zum Beispiel liegt die garantierte Betriebsrente bei der R+V Pensionskasse mit Gruppentarif bei der Versicherung von zehn Arbeitnehmern rund 8 % höher im Vergleich zum Einzeltarif.

Achten Sie auf Gruppenrabatte insbesondere bei größeren Unternehmen, die mit den Versicherungen dann spezielle Gruppenversicherungsverträge abschließen.

Direktversicherungen und Pensionskassen der Lebensversicherer legen bei ihrer Kalkulation durchweg die Sterbetafeln nach DAV 2004 R zugrunde. Danach leben die Versicherten im Durchschnitt **fünf Jahre länger** im Vergleich zu den Generationensterbetafeln des Statistischen Bundesamts. Je höher die fernere Lebenserwartung kalkuliert wird, auf desto mehr Rentenjahre muss das angesammelte Versorgungskapital verteilt werden. Dadurch sinkt die Höhe der Renten.

Die traditionellen Pensionskassen sind an die Sterbetafeln nach DAV 2004 R nicht gebunden, sondern verwenden noch die Heubeck-Sterbetafeln 2005 für die betriebliche Altersversorgung oder spezifische Sterbetafeln mit einer statistisch geringeren Lebenserwartung. Dadurch fallen die Betriebsrenten höher aus, weil das Kapital auf eine geringere Rentenbezugsdauer verteilt wird.

3.3.3 Reine Altersrente oder mit Zusatzabsicherungen

Einige Direktversicherungen und Pensionskassen wie die Metallrente schließen automatisch eine **Todesfallleistung** (z.B. Weiterzahlung bis fünf Jahre nach Rentenbeginn im Todesfall des Versicherten) mit ein, die nicht abwählbar ist. Andere bieten zusätzliche Absicherungen für den **Invaliditätsfall** (Erwerbsminderungs-, Erwerbsunfähigkeits- oder Berufsunfähigkeitsleistung) an. Möglich ist auch die Vereinbarung einer **Hinterbliebenenrente**.

Die Kombination einer reinen Altersrente mit **Zusatzabsicherungen** wie Berufsunfähigkeitsversicherung oder Hinterbliebenenversorgung ist aber **teuer**. Folge: Die garantierten und möglichen Betriebsrenten sinken bei gleichen Beiträgen.

Schließen Sie diese gewünschten Zusatzabsicherungen separat ab durch eine Berufsunfähigkeitsversicherung oder Risikolebensversicherung.

3.3.4 Zuschüsse des Arbeitgebers

Bei der sozialabgabenfreien und steuerfreien Brutto-Entgeltumwandlung sparen neben den Arbeitnehmern auch Arbeitgeber die **Sozialabgaben** in Höhe von bis zu 20 % des Umwandlungsbetrags. Bei einem Umwandlungsbetrag von z. B. 150,- € im Monat wären das 30,- € monatlich, da der Arbeitnehmer mit seinem Verdienst von angenommen 3.750,- € in diesem Fall **unter der Beitragsbemessungsgrenze** in der gesetzlichen Kranken- und Pflegeversicherung von monatlich **4.837,50 €** und der gesetzlichen Renten- und Arbeitslosenversicherung von 7.100,- € im Jahr 2021 liegt.

Bei Höherverdienern mit Entgelten **zwischen 4.837,50 € und 7.100,- €** spart der Arbeitgeber lediglich seinen Anteil an der gesetzlichen Renten- und Arbeitslosenversicherung von rund 10 %, also 25,- € monatlich bei einem Bruttogehalt von 6.250,- € und einem Umwandlungsbetrag von monatlich 250,- € gleich 4 % von 6.250,- €.

Keine Sozialabgabenersparnis erfolgt bei **Spitzenverdiensten** ab monatlich 7.384,- € (= Beitragsbemessungsgrenze 7.100,- € in der gesetzlichen Rentenversicherung + maximal mögliche Entgeltumwandlung 284,- € in 2021).

Die Forderung, dass der Arbeitgeber seine eigene Sozialabgabenersparnis in Form eines **Zuschusses an den Arbeitnehmer** weitergibt, ist nur allzu verständlich. In mehreren Tarifverträgen wurde bereits vor Inkrafttreten des Betriebsrentenstärkungsgesetzes im Jahr 2018 vereinbart, dass dem Arbeitnehmer zumindest ein Teil dieser Ersparnis zugutekommt.

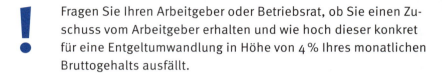

Fragen Sie Ihren Arbeitgeber oder Betriebsrat, ob Sie einen Zuschuss vom Arbeitgeber erhalten und wie hoch dieser konkret für eine Entgeltumwandlung in Höhe von 4 % Ihres monatlichen Bruttogehalts ausfällt.

Seit 2019 erhalten Arbeitnehmer, die einen **neuen Vertrag** zur betrieblichen Altersvorsorge abschließen, einen Arbeitgeberzuschuss von pauschal **15 %**, sofern der Arbeitnehmer weniger als 4.837,50 € im Monat verdient und der Arbeitgeber seinen Anteil an den Sozialabgaben komplett einspart. Bei Verdiensten zwischen 4.837,50 € und 7.100,– € sinkt der Arbeitgeberzuschuss auf die Hälfte, da bei einer Entgeltumwandlung bloß noch die Beiträge zur gesetzlichen Renten- und Pflegeversicherung eingespart werden.

Der Arbeitgeberzuschuss von bis zu 15 % des Umwandlungsbetrags muss **ab 2022 auch für Altverträge** gezahlt werden. Die bisherigen Regelungen für bis Ende 2017 abgeschlossene Altverträge zur betrieblichen Altersvorsorge bleiben neben den ab 2018 geltenden Regelungen für Neuverträge aber weiterhin bestehen. Zudem sind auch ab 2018 noch Neuabschlüsse für die »alte« Betriebsrente möglich.

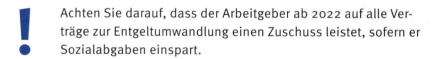

Achten Sie darauf, dass der Arbeitgeber ab 2022 auf alle Verträge zur Entgeltumwandlung einen Zuschuss leistet, sofern er Sozialabgaben einspart.

3.4 Entgeltumwandlung und Sozialversicherung

Die **Steuerfreiheit** der Beiträge zur Brutto-Entgeltumwandlung nach § 3 Nr. 63 EStG bis zu 4 % der Beitragsbemessungsgrenze in der gesetzlichen Rentenversicherung war nie umstritten. Schließlich werden die Betriebsrenten in der Rentenphase voll besteuert.

Die **Sozialabgabenfreiheit** war zunächst nur bis zum 31.12.2008 befristet. Das Bundesministerium für Arbeit und Soziales (BMAS) hat sich aber maßgeblich dafür eingesetzt, dass der Gesetzgeber die Beiträge zur Brutto-Entgeltumwandlung auch ab 2009 weiterhin von allen Sozialabgaben freistellt.

Im Gegenzug unterliegt der Teil der Betriebsrenten, der einen **Freibetrag** von monatlich **164,50 € im Jahr 2021** überschreitet, nach § 229 Abs. 1 Nr. 5 SGB V der **vollen Beitragspflicht** zur gesetzlichen Kranken- und Pflegeversicherung.

Zudem sinkt die **gesetzliche Rente** anteilig, wenn der Arbeitnehmer durch die Entgeltumwandlung auch Beiträge zur gesetzlichen Rentenversicherung eingespart hat. Außerdem sinkt das Rentenniveau, da die Durchschnittsentgelte infolge der Entgeltumwandlung geringer ausfallen.

Was häufig vergessen wird: Da das sozialversicherungspflichtige Entgelt nach Abzug des Umwandlungsbetrags sinkt, verringern sich auch die von diesem Entgelt abhängigen Lohnersatzleistungen wie **Arbeitslosengeld I, Krankengeld und Elterngeld** entsprechend. Die von vielen so gefeierte Sozialabgabenfreiheit hat also durchaus auch ihre Schattenseiten. Daran hat sich auch mit dem ab 2019 geltenden Betriebsrentenstärkungsgesetz nichts geändert.

Das wahre Preis-Leistungs-Verhältnis bei der Entgeltumwandlung kann daher nur aus der **Gegenüberstellung** der späteren **Netto-Betriebsrenten** mit den **Netto-Beiträgen** sowie der Einbeziehung von Lohnersatzleistungen ermittelt werden. Die volle Beitragspflicht zur Kranken- und Pflegeversicherung in der Rentenphase, die anteilige Kürzung der gesetzlichen Rente und die eventuelle Kürzung des Arbeitslosen-, Kranken- und Elterngeldes sind sozusagen der Preis für die Sozialabgabenersparnis in der Beitragsphase.

Wo Licht in der Ansparphase ist, ist somit auch Schatten in der Rentenphase sowie beim Eintritt von Ereignissen wie Arbeitslosigkeit bis zu einem Jahr, länger andauernder Krankheit nach Ablauf der sechswöchigen Lohnfortzahlung durch den Arbeitgeber oder Aussetzen im Job nach der Geburt eines Kindes und Ablauf des achtwöchigen Mutterschaftsgeldes. Daher gilt es, die Vor- und Nachteile von Entgeltumwandlung und Sozialversicherung aus der jeweiligen Sicht von **Durchschnitts-, Höher- und Spitzenverdienern** eingehend abzuwägen.

3.4.1 Sozialabgabenersparnis in der Beitragsphase

Eigentlich ist es ganz einfach: Wer als lediger Arbeitnehmer brutto 4.500,- € pro Monat verdient und davon **180,- €** in eine betriebliche Altersversorgung steckt, spart den vollen Arbeitnehmeranteil zur Sozialversicherung von rund 20 % und außerdem noch Lohnsteuer inklusive Solidaritätszuschlag von knapp 30 %. Er spart somit die Hälfte des Brutto-Beitrags ein und zahlt netto nur **90,- €**.

So richtig dieses gern von Versicherern und Versicherungsvermittlern gewählte Rechenbeispiel auch ist: Es stellt leider nur die halbe Wahrheit dar. Schließlich können nur **Durchschnittsverdiener** mit einem Bruttogehalt von bis zu 4.837,50 € pro Monat die kompletten Sozialabgaben einsparen.

Höherverdiener mit einem Bruttogehalt von 5.121,50 € und mehr können bei einer Entgeltumwandlung von maximal 284,- € nur rund 10 % des Beitrags einsparen, da ihr Verdienst nach Abzug des Umwandlungsbetrags über der Beitragsbemessungsgrenze in der gesetzlichen Krankenversicherung von 4.837,50 € und unter der Beitragsbemessungsgrenze von 7.100,- € in der gesetzlichen Rentenversicherung liegt.

Spitzenverdiener mit einem Bruttogehalt von 7.384,- € und mehr können überhaupt keine Sozialabgaben durch eine Entgeltumwandlung von höchstens 284,- € pro Monat einsparen, da sie auch die Beitragsbemessungsgrenze in der gesetzlichen Rentenversicherung von 7.100,- € im Jahr 2021 überschreiten.

Höher- und Spitzenverdiener können daher bei der Entgeltumwandlung weniger bis gar nichts an Sozialabgaben einsparen im Vergleich zu Durchschnittsverdienern. Zwar werden sie wegen der Steuerprogression mehr Steuern einsparen können. Das gleicht aber die geringere oder gar fehlende Ersparnis an Sozialabgaben in aller Regel nicht aus.

3.4.2 Nachteile der Sozialabgabenersparnis

Dem Vorteil der Sozialabgabenersparnis in der Beitragsphase stehen für Durchschnitts- und Höherverdiener gleich **zwei Nachteile** gegenüber. Von der Betriebsrente geht der volle Beitrag zur gesetzlichen Kranken- und Pflegeversicherung von rund 19 % der Bruttorente nach Abzug eines monatlichen Freibetrags von 164,50 € im Jahr 2021 ab. Außerdem müssen sie im Gegensatz zu den Spitzenverdienern (Bruttogehalt ab 7.100,– €) mit einer anteiligen Kürzung der gesetzlichen Rente rechnen. Diese doppelte Belastung in der Rentenphase wiegt schwer und kann die Entgeltumwandlung trotz Arbeitgeberzuschuss **unrentabel** machen.

Dem **vollen Pflichtbeitrag zur gesetzlichen Kranken- und Pflegeversicherung** können nur privat krankenversicherte Rentner ausweichen oder gesetzlich krankenversicherte Rentner, deren monatliche Betriebsrente den Freibetrag von 164,50 € im Jahr 2021 nicht übersteigt. Alle anderen Betriebsrentner müssen den hohen Kranken- und Pflegekassenbeitrag wohl oder übel in Kauf nehmen.

Die **Kürzung der gesetzlichen Rente** erfolgt, wenn Arbeitnehmer und Arbeitgeber bei der Brutto-Entgeltumwandlung ihren Anteil zur gesetzlichen Rentenversicherung einsparen. Bei einem höchstmöglichen Bruttobeitrag von 284,– € wären das z.B. rund 53,– € an Ersparnis im Monat. In der Rentenphase muss ein heute 50-jähriger Arbeitnehmer, der 17 Jahre lang jeweils 3.000,– € in die Entgeltumwandlung gesteckt hat, mit einer Kürzung der gesetzlichen Rente um rund 42,– € brutto pro Monat rechnen. Also handelt es sich fast um ein Nullsummenspiel. Was in der Beitragsphase erspart wurde, wird in der Rentenphase wieder abgezogen.

Gesetzlich krankenversicherte **Spitzenverdiener** mit einem Bruttogehalt von 7.100,– € und mehr sparen zwar überhaupt keine Sozialabgaben mehr, da sie die Beitragsbemessungsgrenze in der gesetzlichen Rentenversicherung überschreiten. Im Gegenzug bleibt ihnen jedoch auch die Kürzung der gesetzlichen Rente erspart.

3.4.3 Pro und kontra sozialabgabenfreie Entgeltumwandlung

Für die sozialabgabenfreie Entgeltumwandlung spricht aus Sicht der Arbeitnehmer mit einem monatlichen Bruttogehalt bis zu 4.837,50 € die volle Ersparnis der Sozialabgaben in Höhe von gut 20 %. Auch der Arbeitgeber spart noch 5 %, wenn er lediglich einen Zuschuss von 15 % des Umwandlungsbetrags an seine Arbeitnehmer weitergibt.

Die Kehrseite aus Arbeitnehmersicht ist der **volle Beitrag** zur gesetzlichen Kranken- und Pflegeversicherung auf die Betriebsrente aus Entgeltumwandlung sowie die anteilige Kürzung der gesetzlichen Rente in der Leistungsphase. Das führt dazu, dass die Netto-Betriebsrente nach Abzug der **dreifachen Belastung** (Beitrag zur GKV/GPV, Kürzung der gesetzlichen Rente und Steuern) bei alleinstehenden Rentnern nur etwa die Hälfte der Brutto-Betriebsrente ausmacht.

Besonders kritisch ist die **Beitragsfalle für Höher- und Spitzenverdiener** mit einem monatlichen Bruttogehalt über 4.837,50 € zu sehen. Diese Arbeitnehmer zahlen in der Aktivphase bereits den Höchstbeitrag zur gesetzlichen Kranken- und Pflegeversicherung und in der Rentenphase zusätzlich den vollen Beitrag in Höhe von rund 19 % der Bruttorente, falls sie gesetzlich krankenversichert sind.

Diese **Doppelverbeitragung** widerspricht dem Prinzip der nachgelagerten Beitragspflicht, wonach in der Rentenphase nur dann Krankenkassenbeiträge erhoben werden, falls sie in der Aktivphase auch eingespart werden können.

3.5 Beitrags- und Leistungszusagen bei Betriebsrenten

Seit dem Jahr 2018 können Firmen für eine große Gruppe und gar die ganze Belegschaft eine **automatische Entgeltumwandlung** mit reiner Beitragszusage vorsehen. Wenn Arbeitnehmer das nicht möchten, müssen sie schriftlich widersprechen (sog. Opting-Out). Wer nicht widerspricht, wird quasi zur Entgeltumwandlung gezwungen. Wie viele Arbeitnehmer von ihrem Widerspruchsrecht und damit vom Opting-Out Gebrauch machen werden, ist völlig ungewiss.

Voraussetzung für dieses neuartige **Optionssystem** bei der Entgeltumwandlung ist der Abschluss eines Tarifvertrages zwischen dem Arbeitgeber bzw. Arbeitgeberverband und der Gewerkschaft. Daher ist auch vom **Sozialpartnermodell** und von der **Nahles-Rente** die Rede, da sich Ex-Bundesarbeitsministerin Andrea Nahles für das Sozialpartnermodell besonders stark gemacht und es letztlich auch durchgesetzt hat.

Sofern der einschlägige Tarifvertrag das zulässt, kann das Optionssystem auch durch **Betriebs- oder Dienstvereinbarungen** eingeführt werden. Das Opting-Out wird für bereits bestehende Arbeitsverhältnisse ebenfalls ermöglicht. Es muss sich also nicht um die neue Betriebsrente mit reiner Beitragszusage und Garantieverzicht handeln, sondern kann auch für die alte Betriebsrente mit den bisherigen Garantien (z.B. Beitragszusage mit Mindestleistung oder beitragsorientierte Leistungszusage) gelten.

Reine Beitragszusage bei neuer Betriebsrente

Um Arbeitgeber künftig von der Haftung bzw. Einstandspflicht freizustellen, wurde in einem im Auftrag des Bundesministeriums für Arbeit und Soziales (BMAS) erstellten Rechtsgutachten zum Sozialpartnermodell bereits im Jahr 2016 die Umkehr von den bisherigen **Versorgungszusagen** (reine Leistungszusage, beitragsorientierte Leistungszusage oder Beitragszusage mit Mindestleistung) zu einer reinen **Beitragszusage** vorgestellt.

Ob die **reine Beitragszusage** erstrebenswert ist, wurde allerdings von Anfang an unterschiedlich beurteilt. Das Anlagerisiko wird bei dieser Versorgungszusage vom Arbeitgeber auf den Arbeitnehmer verlagert.

Wo Chancen sind, sind auch Risiken. Der Arbeitnehmer hat bei der reinen Beitragszusage das **Risiko,** dass gerade bei Rentenbeginn der Aktienmarkt am Boden liegt. Die betriebliche Altersversorgung ist bei dieser neuen Art der Zusage kein verlässlicher Rechenposten für den Ruhestand mehr.

Arbeitgebervertreter sahen das anders. So äußerte sich Peer-Michael Dick, Hauptgeschäftsführer des Arbeitgeberverbandes Südwestmetall, gegenüber dem Handelsblatt bereits am 16.6.2016 (»Metallarbeitgeber unterstützen Nahles-Plan zur Betriebsrente«) **zustimmend** zum Sozialpartnermodell und der reinen Beitragszusage mit den folgenden Worten: »Dies bedeutet für das einzelne Unternehmen, dass es mit der Überweisung des Beitrags den Job erledigt hat. Pay and forget ist ein echtes Angebot der Politik. Wir sind nämlich gebrannte Kinder, was die Finanzierungsrisiken von Betriebsrenten angeht. Es gibt schon Gerichtsurteile zur Haftung des Arbeitgebers, wenn die Pensionskasse satzungsgemäß Leistungen kürzt«.

Es handelt sich bei der mit Verabschiedung des Betriebsrentenstärkungsgesetzes ab 2018 nun erstmals in Deutschland möglichen reinen Beitragszusage (pay and forget) in Wahrheit um einen Paradigmenwechsel, der einhergeht mit einem vollständigen Garantieverzicht und einer Enthaftung des Arbeitgebers. Statt garantierter Betriebsrenten soll es künftig nur noch unverbindliche **Zielrenten** geben.

Hinzu kommt, dass eine einmalige **Kapitalauszahlung** nunmehr **ausgeschlossen** ist. Sofern eine reine Beitragszusage vorliegt, sind ausschließlich lebenslange Renten möglich. Das Versorgungskapital muss daher nach der neuen Pensionsfonds-Aufsichtsverordnung immer verrentet werden.

Bei Abschlüssen zur neuen Betriebsrente müssen die Arbeitgeber von der bisherigen Leistungszusage oder Beitragszusage mit Mindestleistung abrücken und dürfen künftig nur noch eine **reine Beitragszusage** abgeben. Nach Zahlung der Beiträge an einen externen Versorgungsträger (Direktversicherung, Pensionskasse oder Pensionsfonds) wird der Unternehmer künftig von der Haftung für Höhe und Zahlung der Betriebsrenten befreit.

Er kann sich dadurch im Prinzip sämtlicher weiterer Pflichten erledigen gemäß dem Prinzip »pay and forget«. Eine Einstandspflicht bei gekürzten Leistungszusagen kommt nicht mehr auf ihn zu. So vorteilhaft diese Enthaftung für den Arbeitgeber ist, so unvorteilhaft kann eine reine Beitragszusage mit einer unverbindlichen Zielrente für sicherheitsorientierte und **risikoaverse Arbeitnehmer** sein.

Richtig ist: **Garantien** wie bei der beitragsorientierten Leistungszusage oder der Beitragszusage mit Mindestleistung **kosten Geld.** In einer Niedrigzinsphase müssen die Versorgungsträger hohe finanzielle Mittel in wenig rentierliche Zinsanlagen stecken, damit die abgegebenen Garantien auch eingehalten werden. Für chancenreiche, aber auch riskantere Anlagen in Aktien, Immobilien oder alternative Investments (z.B. Infrastrukturanlagen) bleibt dann zu wenig Geld übrig.

Besonders problematisch ist das z.B. bei einem **garantierten Beitragserhalt,** wie dieser für die Beitragszusage mit Mindestleistung gilt. Bei nur noch 0,25 % Garantiezins für Neuabschlüsse ab 2022 ist eine solche Beitrags- bzw. Kapitalerhaltgarantie praktisch nicht mehr möglich. Solche Garantien führen zu Renditeeinbußen, da die Gelder in niedrig verzinsliche Anlagen wandern.

Bei einem **Garantieverzicht** wie bei reinen Beitragszusagen ohne Garantie des Beitrags- bzw. Kapitalerhalts trifft das genaue Gegenteil zu. Nunmehr kann eine professionelle Anlagemischung (Diversifikation) mit dem Ziel einer attraktiven Rendite erfolgen. In Niedrigzinsphasen wird dann der weitaus größere Anteil auf Sachwertanlagen wie Aktien, Immobilien und alternative Investments entfallen. Nur ein kleinerer Anteil wird in Zinsanlagen wie Anleihen und andere festverzinsliche Wertpapiere investiert.

Selbstverständlich kommen statt Direktanlagen in Anleihen, Aktien und Immobilien auch **Investmentfonds** in Betracht. Möglicherweise finden auch Aktienindexfonds in Form der immer beliebter werdenden ETFs (Exchange Trading Funds) ihren Platz. Eine auf Fonds konzentrierte Anlagemischung würde den Staatsfonds in Schweden und Norwegen ähneln.

Für chancenorientierte und **risikofreudige Arbeitnehmer** kann die neue Betriebsrente mit reiner Beitragszusage und Garantieverzicht also durchaus mehr an Rendite bringen. Den höheren Chancen stehen aber auch höhere Risiken gegenüber. Je höher die Renditeerwartung, desto höher ist bekanntlich auch das Risiko.

Fatal wäre es, wenn die Verrentung des aufgebauten Versorgungskapitals ausgerechnet in eine Phase **sinkender Aktienkurse** (Baisse) und abbröckelnder Immobilienpreise nach dem Platzen der Immobilienblase fallen würde. Diese Gefahr ist angesichts der stark angestiegenen Aktienkurse und Immobilienpreise zumindest in den nächsten Jahren durchaus gegeben.

Ob die neue Betriebsrente ein Erfolg werden kann, hängt nicht allein von der **Anlagementalität** der Arbeitnehmer ab. Auch das **Einstiegsalter** in die neue Betriebsrente spielt eine große Rolle. Jüngere bis zu einem Alter von 45 Jahren (Gruppe »U 45«) können Kurs- und Preiseinbrüche auf den Aktien- und Immobilienmärkten einfach aussitzen und auf höhere Aktienkurse und Immobilienpreise danach hoffen. Für ältere Arbeitnehmer ab 55 Jahren (Gruppe »55plus«) dürfte das schwieriger sein. Hinzu kommt, dass gerade diese Gruppe stärker sicherheitsorientiert ist und daher der neuen Betriebsrente reservierter gegenüberstehen wird als die Jüngeren.

Auf die Tarifparteien und Versorgungsträger, die bei der Entgeltumwandlung über Direktversicherung, Pensionskasse oder Pensionsfonds ab 2018 auf die reine Beitragszusage mit unverbindlichen Zielrenten setzen, kommt eine **große Verantwortung** zu. Es darf nicht passieren, dass viel zu optimistisch angesetzte Versorgungskapitalien und Zielrenten in Aussicht gestellt werden.

Das Betriebsrentenstärkungsgesetz will trotz reiner Beitragszusagen und Garantieverzicht einen gewissen Mindestschutz für die Arbeitnehmer sicherstellen. Ziel ist ein hohes Maß an Sicherheit ohne formale Garantie. In den Tarifverträgen soll vereinbart werden, dass die Arbeitgeber einen **Sicherungsbeitrag** zur Absicherung der reinen Beitragszusage leisten. Das ist jedoch bloß eine Sollvorschrift. Die Höhe des Sicherungsbeitrags sowie dessen konkrete Verwendung legt das Gesetz nicht fest. Sofern er aber geleistet wird, soll damit ein Sicherheitspuffer für die Rentenansprüche bei Schwankungen an den Kapitalmärkten gebildet werden.

In der Ansparphase kann ein weiterer **Sicherheitspuffer** gebildet werden, indem nicht alle Beiträge und daraus erzielten Erträge den einzelnen Arbeitnehmern, sondern einem Kollektiv von Arbeitnehmern zugeordnet werden. Dadurch soll eine Glättung des Versorgungskapitals möglich sein, wenn die Kapitalmärkte stark schwanken.

Das **Versorgungskapital** zum Ende der Ansparphase bzw. der Beitragsdauer wird aus der erwarteten Rendite für die Kapitalanlagen ermittelt. Für die daraus zu ermittelnden **Zielrenten** sind laut BaFin einige Vorgaben zu beachten. Die Rolle der BaFin beschränkt sich, da es bei der neuen Betriebsrente keine Garantien mehr gibt, auf die Kontrolle, ob die tarifvertraglich vereinbarten Regelungen und die aufsichtsrechtlichen Vorgaben eingehalten werden. Nur wenn das nicht der Fall ist, greift die BaFin ein.

Die Versorgungseinrichtungen müssen für die Kapitalanlage bei reiner Beitragszusage einen gesonderten **Anlagestock** (Sicherungsvermögen) einrichten. Ein einheitlicher Katalog von zulässigen Anlageformen und Regelungen zur Streuung des Vermögens muss ebenfalls vorliegen. Die Rente wird anhand der zugrunde gelegten Verzinsung ermittelt.

Die Beratungsgesellschaft Aon Hewitt hat erste Hochrechnungen für mögliche Zielrenten vorgelegt. Bei einem jährlichen Beitrag von 1.000,- € und einer Beitragsdauer von 35 Jahren vom 30. bis zum 65. Lebensjahr könnte die **Zielrente** bei jährlich **4.000,- €** liegen. Im Vergleich dazu läge die garantierte Betriebsrente mit einem Garantiezins von 0,9 % nur bei 1.615,- € und die mögliche **Garantierente** bei **2.209,- €**.

Zu den künftigen Zielrenten sollten unbedingt **Szenarien bzw. Varianten** für unterschiedliche Renditen, Versorgungskapitalien und Zielrenten erstellt werden. Die obere Renditevariante sollte dabei nicht über 4 oder 5 % nach Kosten pro Jahr hinausgehen. Die mittlere Renditevariante könnte von 2 bzw. 3 % nach Kosten ausgehen. Auch untere Renditevarianten wie 0 bzw. 1 % sollten Eingang finden. Um die möglichen Risiken zu verdeutlichen, könnten zudem auch negative Renditen von z. B. minus 1 bzw. minus 2 % angegeben werden, da es bei der »neuen« Betriebsrente keine Garantien mehr gibt.

Die Renditeszenarien müssten darüber hinaus je nach **Beitragsdauer** differenziert werden. Bei einer langen Beitragsdauer von 30 Jahren und mehr kann die Spanne zwischen oberer und unterer Renditevariante deutlich geringer sein als bei einer kurzen Beitragsdauer von 20 Jahren und weniger. Negative Renditen wären dann so gut wie ausgeschlossen.

Beitragszusage mit Mindestleistung bei alter Betriebsrente

Von der reinen Beitragszusage bei der neuen Betriebsrente ist die **Beitragszusage mit Mindestleistung** bei der alten Betriebsrente streng zu unterscheiden. Bei Beitragszusagen mit Mindestleistung ist das Risiko zwischen Arbeitgeber und Arbeitnehmer aufgeteilt. Der Arbeitgeber steht für den Erhalt der eingezahlten Beiträge – abzüglich der für den Risikoausgleich verbrauchten Beträge – ein, während der Arbeitnehmer das Anlagerisiko trägt. Die Mindestleistung bezieht sich auf den Beitrags- bzw. Kapitalerhalt. Das heißt, am Ende der

Beitragsdauer muss das angesammelte und zur Rentenauszahlung verfügbare Kapital mindestens so hoch sein wie die Beitragssumme.

Von der echten Leistungszusage unterscheidet sich die **Beitragszusage mit Mindestleistung** nicht nur in der Höhe der geschuldeten Leistung. So ist bei ihr auch die Zahlung der Beiträge eine eigenständige und einklagbare Verpflichtung des Arbeitgebers.

Das ist bei der **Leistungszusage** grundsätzlich anders, weil die Beitragszahlung nur Mittel zum Zweck ist. Unterlässt der Arbeitgeber zeitweise die Zahlung von Beiträgen z.B. an eine Direktversicherung, kann der Arbeitnehmer die Beitragszahlung nicht isoliert einklagen.

Viele **Altverträge** zur Entgeltumwandlung in den Durchführungswegen Direktversicherung, Pensionskasse und Pensionsfonds enthalten noch diese Beitragszusage mit Mindestleistung. Wegen der anhaltenden Niedrigzinsphase wird es künftig aber immer schwerer, die Mindestleistung in Form des Beitrags- bzw. Kapitalerhalts weiter zu garantieren.

Beitragsorientierte Leistungszusage bei alter Betriebsrente

Unter der **beitragsorientierten Leistungszusage** ist nach dem Betriebsrentengesetz die Umwandlung von zugesagten Beiträgen in eine zugesagte Leistung zu verstehen. In der betrieblichen Altersvorsorge führen die andauernde Niedrigzinsphase und die Absenkung des Garantiezinses auf 0,25 % ab 2022 quasi zum Abgesang der Beitragszusage mit Mindestleistung, denn die Beitragsgarantie zur Entgeltumwandlung bei Direktversicherungen und Pensionskassen ist kaum noch zu schaffen.

Damit wird die beitragsorientierte Leistungszusage nun zur **wichtigsten Zusageform,** denn Gesetz und Rechtsprechung kennen hierfür keine garantierte Mindestleistung oder eine garantierte Mindestverzinsung. Beispiele hierfür sind die Betriebsrenten im Bankgewerbe (BVV) und die Zusatzrenten im öffentlichen Dienst (z.B. bei der VBL).

3.6 Betriebsrenten nach Ausscheiden aus dem Unternehmen

3.6.1 Übertragung des Kapitals auf neuen Arbeitgeber

Beim **Jobwechsel** kann der ausscheidende Arbeitnehmer von seinem ehemaligen Arbeitgeber nach § 4 Abs. 3 BetrAVG verlangen, dass dieser den Wert des bereits erreichten Versorgungskapitals bzw. der erreichten Rentenanwartschaft auf den neuen Arbeitgeber überträgt.

Diese Übertragbarkeit bzw. **Portabilität** verpflichtet den neuen Arbeitgeber aber nicht dazu, den bisherigen Vertrag über die Entgeltumwandlung zu gleichen Konditionen weiterlaufen zu lassen. Stattdessen wird er den Vertrag meist in eine von ihm ausgewählte Direktversicherung oder Pensionskasse mit möglicherweise schlechteren Konditionen überführen.

3.6.2 Beitragsfreistellung oder private Weiterführung

Der Arbeitnehmer kann seinen alten Vorsorgevertrag auch beitragsfrei stellen und beim neuen Arbeitgeber einen **neuen Vorsorgevertrag** abschließen. Im Rentenfall erhält er dann zwei Betriebsrenten.

Eine **private Weiterführung des alten Vorsorgevertrags** kann dann sinnvoll sein, wenn es sich um eine Direktversicherung oder Pensionskasse handelt und ein Versicherungsnehmer-Wechsel vom alten Arbeitgeber zum ehemaligen Arbeitnehmer erfolgt. In diesem Fall werden laut Urteilen des Bundesverfassungsgerichtes vom 28.9.2010 (Az. 1 BvR 1660/08) und 27.6.2018 (Az. 1 BvR 100/15 und 249/15) keine Beiträge zur gesetzlichen Kranken- und Rentenversicherung auf den Teil der späteren Betriebsrente erhoben, der auf die Zeit der privat weitergeführten Direktversicherung oder Pensionskasse entfällt.

Betriebsrente: Zuschüsse vom Chef sichern | 3

Die privat weitergeführte Direktversicherung ist z.B. mit einer privaten Rentenversicherung vergleichbar. Das bedeutet: keine Steuerersparnisse in der Beitragsphase, aber auch nur **Versteuerung des niedrigen Ertragsanteils** (z.B. 17 % der Bruttorente bei 67-Jährigen) in der Rentenphase und **Wegfall der Beitragspflicht** zur gesetzlichen Kranken- und Pflegeversicherung.

Führen Sie den alten Vertrag zur Direktversicherung oder Pensionskasse privat weiter. Die meist günstigen Konditionen bleiben Ihnen dann erhalten. Sorgen Sie aber gleichzeitig dafür, dass Sie als neuer Versicherungsnehmer eingetragen werden, sodass Sie später keine Krankenkassenbeiträge zahlen müssen.

4 Privatrente: Steuervorteile bei der Auszahlung

Private Renten können aus der klassischen oder fondsgebundenen privaten Rentenversicherung stammen. Sie können aber auch aus anderen Quellen wie der Verrentung von Immobilien oder einem Auszahl- bzw. Entnahmeplan stammen. Zu unterscheiden sind dabei **lebenslange Renten** (Leibrenten) von sogenannten **Zeitrenten**, die nur für einen bestimmten Zeitraum ausgezahlt werden.

Auch **Riester-Rente** und **Rürup-Rente** zählen zu den privaten Renten. Da sie aber staatlich gefördert sind und an strenge Bedingungen geknüpft sind, wird darauf in zwei speziellen Beiträgen eingegangen: »Riester-Rente: Lukrative Zulagen für Familien« und »Rürup-Rente: Steuervorteile bei der Einzahlung«.

4.1 Klassische private Rentenversicherung

Die klassische private Rentenversicherung war wie die klassische **Kapitallebensversicherung** jahrzehntelang bei den Bundesbürgern besonders beliebt. Attraktive steuerfreie Ablaufrenditen von 5 % und mehr bei Kapitalauszahlung am Ende der mindestens 12-jährigen Laufzeit oder recht hohe laufende Renten haben viele ältere Bürger trotz der zuweilen hohen Abschluss- und Verwaltungskosten überzeugt. Die Garantiezinsen lagen je nach Vertragsbeginn über 3 % und in der Spitze sogar bei 4 %. Diese Zeiten sind aber schon lange vorbei.

Bei **Neuabschlüssen ab 2005** sind die Ablaufleistungen nicht mehr steuerfrei und Beiträge zur privaten Rentenversicherung oder Kapitallebensversicherung sind nicht mehr steuerlich abzugsfähig.

Viel drastischer wirkt sich aber die seit 2012 andauernde **Niedrigzinsphase** aus. Bei **Garantiezinsen** von 0,9 % bei Neuabschlüssen in den Jahren 2017 bis 2021 und nur noch **0,25 % ab 2022** fällt es den Versicherern immer schwerer, noch Erträge nach Abzug der Kosten für ihre Kunden zu erzielen.

4.1.1 Aufgeschobene Rente nach laufenden Beiträgen

In puncto Steuervorteile und Rendite nach Steuern sind die **Privatrenten** für ab 2005 abgeschlossene private Rentenversicherungen der Riester-Rente oder Rürup-Rente zwar unterlegen, doch dafür sind sie wesentlich **flexibler**. So können z.B. **Zusatzleistungen** wie 5- oder 10-jährige Rentengarantie, Beitragsrückgewähr oder Hinterbliebenen- bzw. Partnerrente für den Todesfall des Versicherten vertraglich vereinbart werden. Das zieht die ohnehin magere Produktrendite allerdings weiter nach unten.

Eine **hohe Flexibilität** bietet vor allem die private Rentenversicherung mit **Kapitalwahlrecht**. Kurz vor Ende der Beitragsphase können Sie von dieser Option Gebrauch machen und sich für die Auszahlung des Kapitals statt der lebenslangen Rente entscheiden. Sie erhalten dann die Ablaufleistung auf einen Schlag. Bei ab 2005 abgeschlossenen privaten Rentenversicherungen müssen Sie lediglich die Hälfte des Unterschieds zwischen Ablaufleistung und Beitragssumme versteuern, sofern die Laufzeit mindestens zwölf Jahre beträgt und die Kapitalauszahlung frühestens zum 62. Geburtstag erfolgt.

Der **Garantiezins** der privaten Rentenversicherer von zurzeit 0,9 % und nur noch 0,25 % bei Neuabschlüssen ab 2022 reißt aber niemanden mehr vom Hocker. Zudem bezieht sich die Garantieverzinsung nur auf den nach Abzug von Vertriebs- und Verwaltungskosten verbleibenden **Sparanteil**. Der Garantiezins bringt also kaum Rendite.

Den Rentenversicherern wird es bei Neuabschlüssen mit einem Garantiezins von 0,25 % wegen der Vertriebs- und Verwaltungskosten nicht gelingen, nach einer Laufzeit von mindestens zwölf Jahren ein **Kapital oberhalb der Beitragssumme** zu präsentieren. Völlig ausgeschlossen ist das bei klassischen Kapitallebensversicherungen, da hierbei noch die Kosten für das Todesfallrisiko einkalkuliert werden müssen.

Klassische private Rentenversicherung und klassische Kapitallebensversicherung werden daher immer mehr zum **Auslaufmodell**. Versicherer wie Allianz, R+V und CosmosDirekt bieten Neukunden diese Versicherungen erst gar nicht mehr an. Entweder empfehlen sie eine abgespeckte Version mit nur 60 bis 90 % Beitrags- bzw. Kapitalerhalt unter der Bezeichnung »neue Klassik« oder gleich die Alternative einer **fondsgebundenen privaten Rentenversicherung**.

Der privat Rentenversicherte wird zusätzlich zum Garantiezins an den laufenden **Überschüssen** beteiligt. Diese Überschüsse speisen sich aus folgenden Quellen:

- höhere Verzinsung auf dem Kapitalmarkt im Vergleich zum Garantiezins (Zinsüberschuss),
- niedrigere Vertriebs- und Verwaltungskosten als geplant (Kostenentwicklung),
- niedrigere tatsächliche Lebenserwartung im Vergleich zur Sterbetafel DAV 2004 R (Verlauf der Sterblichkeit).

Die Überschüsse können aber nur prognostiziert, nicht garantiert werden. Mitteilungen der privaten Rentenversicherer über die künftige Höhe der Überschussbeteiligung sind unverbindlich. Daher sind auch **prognostizierte Renditen mit Vorsicht zu genießen.** Wer auf Nummer sicher gehen will, vergleicht nur die garantierten Renten bzw. Renditen.

Die prognostizierte Rendite wird auch bei kostengünstigen Rentenversicherern nur in seltenen Fällen über 1 % hinausgehen. Das liegt am äußerst **niedrigen Zinsniveau** am Kapitalmarkt.

Wenn Sie Ihre künftige Privatrente oder Ihre zu erwartende Ablaufleistung bei Ausüben Ihres Kapitalwahlrechts vorsichtig kalkulieren wollen, gehen Sie daher von nur 1 % Prognoserendite aus. Bloß Optimisten rechnen mit 2 % oder darüber. Diese Renditeprognosen beziehen sich immer auf eine private Rentenversicherung ohne Vereinbarung von Zusatzleistungen wie Rentengarantie oder Hinterbliebenenrente.

4.1.2 Aufgeschobene Rente nach Einmalbeitrag

Statt laufender Beiträge können Sie auch einen Einmalbeitrag in die klassische private Rentenversicherung einzahlen und sich dann nach einer Laufzeit von mindestens zwölf Jahren für eine aufgeschobene Rente entscheiden. Diese wird aber relativ gering ausfallen, da die Rentenversicherer eine überdurchschnittlich **lange Lebenserwartung** nach der Sterbetafel DAV 2004 R ansetzen.

4.1.3 Kapitalauszahlung statt lebenslanger Rente

Die Kapitalauszahlung bzw. **Ablaufleistung auf einen Schlag** kann zumindest ein **kleines Plus** bringen. Bei einem Einmalbeitrag von 100.000,- € und einer Rendite vor Steuern von 1 % errechnet sich nach Ablauf von zwölf Jahren eine Kapitalauszahlung von 112.683,- €.

Davon ist jedoch die **Hälfte des Überschusses** mit dem persönlichen Steuersatz zu versteuern. Bei einem Steuersatz von 30 % fallen Steuern in Höhe von 1.902,- € an, sodass sich die Kapitalauszahlung auf 110.781,- € verringert.

4.1.4 Sofortrente gegen Einmalbeitrag

Bei der **Sofortrente** benötigen Sie im Gegensatz zur aufgeschobenen Rente überhaupt keine Ansparphase. Sie zahlen den Einmalbeitrag ein und erhalten vom privaten Rentenversicherer ab sofort eine lebenslange Monatsrente. Diese Sofortrenten fallen angesichts der anhaltenden Niedrigzinsphase aktuell jedoch außerordentlich mager aus.

Wer z.B. beim kostengünstigen Direktversicherer HUK24 als heute 65-Jähriger einen Einmalbeitrag von 100.000,- € einzahlt, erhält eine monatliche **garantierte Rente von 325,17 €** ohne Vereinbarung einer Rentengarantiezeit.

Selbst bei einer als **möglich prognostizierten Rente von 379,18 €** dauert es 22 Jahre, bis der Einmalbeitrag über die laufenden Renten

Privatrente: Steuervorteile bei der Auszahlung | 4

wieder reingeholt ist. Wenn auf Dauer nur die garantierte Rente ausgezahlt wird, muss der heute 65-Jährige **über 90 Jahre alt** werden, um das Geld zurückzubekommen.

Dabei ist die **Besteuerung der Renten** mit einem Ertragsanteil von 18 % noch gar nicht berücksichtigt. Sofern man einen persönlichen Steuersatz von 25 % annimmt, fällt die garantierte Rente auf 310,54 € im Monat. Nun dauert es schon fast **27 Jahre** bei der garantierten Rente und 23 Jahre bei der möglichen Rente, bis die eingezahlten Beiträge zurückgeflossen sind.

Verzichten Sie auf Sofortrenten aus der klassischen privaten Rentenversicherung.

4.2 Fondsgebundene private Rentenversicherung

Private Rentenversicherungen sind fondsgebunden, wenn darin **Investmentfonds** integriert sind. Die Rentenversicherung ist dann nur der Mantel um diese Fonds. Die Beiträge werden vorwiegend in **Aktienfonds** inklusive ETFs investiert, um eine höhere Rendite zu erzielen als bei klassischen privaten Rentenversicherungen.

Die Kosten sind höher als beim Fondssparplan, da neben den **Fondskosten** auch **Vertriebs- und Verwaltungskosten** für die Versicherung anfallen. Verbraucherschützer halten die fondsgebundene private Rentenversicherung daher für zu teuer.

Allerdings sind die Kosten dann geringer, wenn die Beiträge in **kostengünstige ETFs** (z.B. ETF-Aktienindexfonds auf den MSCI World) investiert und außerdem kostengünstige Direktversicherungen ausgewählt werden.

Im Vergleich zu reinen Fondssparplänen mit Aktienfonds oder Aktien-ETFs haben fondsgebundene Rentenversicherungen (auch Fondspolicen genannt) einen **steuerlichen Vorteil**. Während der

Beitragsphase werden keine Steuern abgeführt. Bei der Kapitalauszahlung am Ende der Beitragsphase wird nur die Hälfte des Überschusses mit dem persönlichen Steuersatz versteuert und bei der lebenslangen Rente nur der Ertragsanteil von z.B. 17 % bei 67-Jährigen.

4.2.1 Fondsgebundene private Rentenversicherung mit ETFs

Bei fondsgebundenen Rentenversicherungen sind die Kosten meist recht hoch, sofern es sich um von Managern ausgewählte Investmentfonds handelt. Während der gesamten Vertragslaufzeit fallen dann **Managementkosten** für die Fonds und **Verwaltungskosten** für die Versicherung an. Manager schaffen es aber selten, einen Indexfonds zu schlagen, der nur einen bestimmten Aktien- oder Anleihenindex abbildet.

Daher sollten Sie Fondspolicen mit ETF-Indexfonds den Vorzug geben, wie z.B. den ETF-Aktienindexfonds auf den MSCI World.

Bei ETF-Sparplänen ohne den Mantel einer Rentenversicherung liegen die **laufenden Kosten** nur bei rund **0,2 %** pro Jahr. Im Vergleich dazu muss man bei fondsgebundenen Rentenversicherungen mit ETFs mit laufenden Kosten bis zu **1 %** im Jahr rechnen. Reine ETF-Sparpläne erzielen dadurch auf Dauer ein wesentlich besseres Ergebnis als fondsgebundene Rentenversicherungen mit ETFs.

Steuerlich schneiden aber fondsgebundene Rentenversicherungen mit ETFs **besser** ab im Vergleich zu reinen **ETF-Sparplänen.** Laufende Erträge werden während der Versicherungslaufzeit nicht versteuert, bei den ETF-Sparplänen aber sehr wohl. Entscheidet sich der Versicherte am Ende der Beitragslaufzeit für die lebenslang gezahlte **Fondsrente**, wird diese nur mit dem Ertragsanteil besteuert. Bei reinen ETF-Fonds müsste sich ein Auszahlungsplan an den Sparplan anschließen, um Renten für einen festgelegten Zeitraum zu erzielen.

Da die **Wertentwicklung** der Fonds oder ETFs nicht absehbar ist, garantieren die Versicherer bei Fondspolicen keine bestimmten Rentensummen. Eine garantierte Rente bei Auszahlplänen von ETFs kann es ebenso wenig geben. Wegen der ungewissen Wertentwicklung sollte man eine lange Spardauer von z.B. 20 oder 30 Jahren wählen. Mindestens **zwölf Jahre** müssen es bei fondsgebundenen Rentenversicherungen sein, um die **Steuervorteile** nach Ende der Versicherungslaufzeit zu genießen.

Beispiel für eine fondsgebundene Rentenversicherung mit ETFs

Am **Beispiel** der fondsgebundenen Rentenversicherung »Flexible Vorsorge Smart Invest« von CosmosDirekt sollen die **Vor- und Nachteile einer Fondspolice** mit ETFs näher analysiert werden.

Der Versicherte ist **37 Jahre** alt (geboren am 1.4.1984) und möchte monatlich 250,- € bis zum vollendeten 67. Lebensjahr einzahlen. Die Beitragssumme über insgesamt 30 Jahre macht **90.000,- €** aus. Vom 62. bis zum 67. Lebensjahr gibt es einen flexiblen Ablaufzeitraum mit einem passiven Ablaufmanagement. Er kann also auch bereits mit 62 Jahren eine Fondsrente bekommen, sofern sich der Kapitalmarkt bis dahin sehr gut entwickelt hat. Bei 25 Beitragsjahren läge die Beitragssumme bei 75.000,- €.

Die Entscheidung des Versicherten fällt auf ein **ETF-Paket mit mittlerem Risiko**, das zu 50 % aus einem ETF-Aktienfonds auf den MSCI World und zu 50 % aus einem ETF-Euroanleihenfonds besteht.

Die laufenden Kosten liegen bei 0,86 % pro Jahr. Wenn der Versicherte bis zum Alter von 67 Jahren Beiträge zahlt, muss er laut Produktinformationsblatt mit **Gesamtkosten von 13.191,- €** rechnen. Das ist mehr als bei einem reinen ETF-Sparplan, der ihn möglicherweise nur insgesamt 2.700,- € kostet.

Bei einer angenommenen Wertentwicklung von **3 %** pro Jahr wird eine flexible Fondsrente von monatlich **468,81 €** inklusive Überschüssen prognostiziert. Davon wären 17 % bzw. 79,70 € steuerpflichtig. Die alternative Kapitalauszahlung würde bei prognostizierten **143.353,– €** liegen.

Würden die ETFs mit **6 %** pro Jahr zulegen, könnte die monatliche Fondsrente inklusive Überschüssen sogar bei monatlich **792,71 €** liegen, wovon dann 134,76 € zu versteuern wären. Bereits nach zehn Jahren und daher bereits mit vollendetem 77. Lebensjahr wären die eingezahlten Beiträge über die Fondsrenten wieder hereingeholt. Die prognostizierte Kapitalauszahlung würde auf **242.787,– €** steigen.

Bei einer Wertentwicklung von **0 %** liegt das prognostizierte Kapital bei **89.030,– €** und damit unter der Beitragssumme von 90.000,– €. Die monatliche Fondsrente würde dann auf bescheidene **290,69 €** im Monat sinken, wovon noch 49,41 € steuerpflichtig wären. In diesem extrem pessimistischen Fall würde die Beitragssumme erst mit Erreichen des 93. Lebensjahrs komplett zurückfließen.

Anlehnung an Kombi-Auszahlplan von »Finanztest«

Das Anlagekonzept bei der fondsgebundenen Rentenversicherung »Flexible Vorsorge Smart Invest« von CosmosDirekt ist angelehnt an den **Kombi-Auszahlplan** aus **Tagesgeld** und **Aktien-ETF** von »Finanztest« im Verhältnis 50:50 (ausgewogenes 50-50-Pantoffel-Portfolio).

Wie sich dieses Anlagekonzept rentieren könnte, zeigen **drei Szenarien:**

- Im **mittleren Szenario** wird mit einem Tagesgeld-Zins von 1 % und einer ETF-Aktienrendite von 4 % gerechnet. Bei einer Einmalanlage von 100.000,– € und einer Laufzeit von 20 Jahren würde sich danach eine monatliche Auszahlung von 497,– € ergeben (siehe »Finanztest« 12/2017).

- Beim guten und **optimistischen Szenario** geht »Finanztest« von 2 % Zins beim Tagesgeld und 7 % Rendite bei den Aktien aus. In diesem recht optimistischen Fall steigt die monatliche Auszahlung auf 627,– €.
- Im schlechten und **pessimistischen Szenario** mit jeweils 0 % Zins und Rendite wären es nur 378,– €.

Die Mischung beim Kombi-Auszahlplan muss nicht 50:50 sein, also die eine Hälfte in Tagesgeld wie bei »Finanztest« bzw. in Euroanleihen-ETF wie bei CosmosDirekt und die andere Hälfte in Aktien-ETFs. Diese **ausgewogene Mischung** empfiehlt sich für **abwägende Anleger**.

Vorsichtige und sicherheitsorientierte Anleger, die Risiken scheuen, können auch eine eher **defensive Mischung** wählen, z.B. 75 % für Tagesgeld bzw. Euroanleihen-ETF auf der eher sicheren Seite und 25 % für Aktien-ETF mit mehr Chancen, aber auch mehr Risiken. Diese Mischung läuft auf ein Verhältnis von 3:1 zugunsten der Sicherheitsvariante hinaus und dürfte **sicherheitsorientierte Anleger** eher überzeugen.

Mutige und **risikobereite Anleger** könnten sich schließlich für eine **offensive Mischung** von Tagesgeld bzw. Euroanleihen-ETF mit Aktien-ETF im Verhältnis 1:3 entscheiden. Dabei wandern dann nur 25 % in die sichere Zinsanlage, während die anderen 75 % für Aktien-ETFs verwandt werden.

Jede Mischung bzw. Kombination hat ihre Vorteile und Nachteile. Letztlich kommt es immer auf die jeweilige **Anlegermentalität** an und die Wahl des richtigen Anbieters.

Fondspolicen mit Aktien- und Renten-ETF

»Finanztest« hat drei Tarifen von Versicherern die **Note »gut«** erteilt, die fondsgebundene Rentenversicherungen mit Aktien-ETF und Renten-ETF auf markttypische Indizes anbieten (siehe »Finanztest« 12/2020, S. 37).

Beim Tarif »Flexible Vorsorge Smart Invest CFR« von **CosmosDirekt** sind es zwei Aktien-ETF (iShares Core MSCI World Ucits ETF USD Acc und Xtrackers MSCI World Ucits ETF 1c) und ein Anleihen-ETF (Xtrackers Eurozone Government Bond Ucits ETF 1C). Da die Kosten hierbei besonders günstig sind, hat »Finanztest« die Note **2,1** vergeben.

Die Note **2,3** gibt es für den Tarif »Fondsgebundene Privatrente NFR2910)« der **Nürnberger Versicherung** wegen der höheren Kosten. Dieser Tarif setzt ebenfalls auf den Aktien-ETF (iShares Core MSCI World Ucits ETF USD ACC) und außerdem auf den Anleihen-ETF (iShares Euro Aggregate Bond Units ETF) mit Staats- und Unternehmensanleihen in Euro.

Der Tarif »MeinPlan-FRV PP« von **LV 1871** schneidet mit der Note **2,4** ebenfalls noch gut ab. Die Indexfonds von ETF-Aktien und ETF-Anleihen sind im Prinzip die gleichen wie bei CosmosDirekt. Nur der zweite zur Wahl stehende Indexfonds ETF-Aktien (Vanguard FTSE All-World Ucits ETF USD Acc) setzt auf einen anderen Weltindex, also FTSE All-World statt MSCI World.

Interessant sind zwei weitere Tarife von **kostengünstigen Direktversicherern:**

- Beim Tarif »Fonds-Rente E-FR« von **Europa** sind die Kosten zwar am geringsten, aber da Europa den Aktien-ETF auf einen Europa-Index beschränkt und keinen Renten-ETF auf marktypische Indizes anbietet, schneidet dieser Tarif hinsichtlich des Fondsangebots schlechter ab und erhält insgesamt die Note 2,6. Europa setzt auf einen Aktien-ETF (Pictet Europe Index R EUR) und einen Anleihen-ETF (BNY Euroland Bond EUR A).

- Für den Tarif »Fondsrente FR3« der **Hannoverschen** gibt es die Note 2,8 von »Finanztest«. Die Kosten sind ähnlich gering wie bei Europa, aber der Anleihen-ETF (HannoverscheBasisInvest) wird nicht auf einen markttypischen Index gestützt. Bemängelt wird auch die nicht ausreichende Flexibilität und Transparenz. Zur Flexibilität zählt »Finanztest« die Gestaltungsrechte der Kunden bei Beitragzahlung, Fondsanlage, Fondswechsel bzw. -umschichtungen und Auszahlung. Bei der Transparenz wird es negativ bewertet, wenn vorvertragliche Informationen für die Kunden unvollständig sind und wenn in den Vertragsunterlagen konkrete Angaben zu Kosten, Überschussbeteiligung, Rechnungsgrundlagen und Indexfonds teilweise fehlen.

Fondsangebote und Fondsauswahl

Da die Rendite der fondsgebundenen Rentenversicherung von den angebotenen Fonds des Versicherers abhängt, in die das Geld fließt, kommt es auf eine gute **Auswahl** an. Meist hat die Versicherung eine Vorauswahl an Investmentfonds getroffen, in die das Geld angelegt werden kann.

Darunter finden sich häufig **aktiv gemanagte Fonds,** die sich an bestimmten Marktsegmenten oder Börsenindizes orientieren. In den meisten Fällen sind die Erträge für den Verbraucher geringer, als wenn sie direkt in den entsprechenden Börsenindex investieren. Das liegt unter anderem an den **hohen Verwaltungskosten.**

Kostengünstiger sind **passive Indexfonds,** die einen bestimmten Aktien-Index oder Anleihen-Index nachbilden. Dazu gehören insbesondere die ETFs. **ETF** ist die Abkürzung für Exchange Traded Fund und kann mit »an der Börse gehandeltem Fonds« übersetzt werden.

Sofern Aktienindexfonds an der Börse wie Aktien gehandelt werden, handelt es sich um Aktien-ETFs. Diese stellen wie aktiv gemanagte Investmentfonds **Sondervermögen** dar. Sie müssen vom Vermögen des ETF-Anbieters (z.B. iShares der US-amerikanischen BlackRock, Xtrackers der Deutschen Bank oder ComStage der Commerzbank) getrennt aufbewahrt werden. Selbst wenn die Kapitalverwaltungsgesellschaft insolvent werden sollte, geht der ETF-Anleger kein Risiko ein. Er verliert nur dann Geld, wenn die Aktien-ETFs beim Verkauf weniger einbringen als den Kaufwert.

Der **DAX (Deutscher Aktienindex)** mit den 30 größten Standardwerten ist verständlicherweise der unter Bundesbürgern bekannteste Aktienindex. Er startete am 1.7.1988 mit einem Stand von 1.163,52 Punkten. Am 1.7.2018 feierte der DAX also seinen 30. Geburtstag. Anfang Juni 2021 lag er bei über 15.700 Punkten. Der Wert des DAX hat sich somit in knapp 33 Jahren mehr als verzehnfacht.

Wichtig für ETF-Anleger: Der DAX ist ein **Performance-Index** und enthält außer den Kursänderungen auch ausgeschüttete Dividenden sowie vergleichbare Ausschüttungen (z.B. Bezugsrecht bei Ausgabe neuer Aktien), die wieder angelegt werden. Würde man die Dividenden herausrechnen, läge die Rendite aus reinen Kursänderungen deutlich darunter.

Die im **DAX** enthaltenen Aktien von 30 deutschen Aktiengesellschaften sind ganz unterschiedlich gewichtet. Die **sechs Schwergewichte** SAP, Siemens, Allianz, Bayer, BASF und Daimler repräsentieren zusammen bereits die Hälfte des DAX-Kapitals. Deutlich untergewichtet sind hingegen Beiersdorf, Merck, RWE, Thyssen-Krupp, Commerzbank und HeidelbergCement. Diese sechs Leichtgewichte repräsentieren zusammen nur 6 % des DAX.

Weniger als die Hälfte der im DAX vertretenen Unternehmen sind **ewige DAX-Werte,** die seit Einführung des DAX ab 1.1.1988 unverändert oder lediglich umfirmiert bestehen. Zu diesen 13 Aktiengesellschaften zählen – in alphabetischer Reihenfolge – Allianz, BASF, Bayer, BMW, Daimler (früher Daimler Benz), Deutsche Bank, Eon (früher Veba), Lufthansa, Henkel, Linde, RWE, Siemens und Volkswagen.

Im Gegensatz zum DAX ist der **Dow Jones** mit 30 amerikanischen Standardwerten ein reiner **Kursindex,** der keine Dividendenausschüttungen berücksichtigt. In den Medien werden oft weitere Kursindizes wie der **S&P** mit 500 US-Aktien und der **MSCI World** mit über 1.600 Aktien aus 23 Industrieländern genannt.

Der Vergleich eines **Performance-Index** wie z.B. DAX mit einem reinen **Kursindex** wie Dow Jones führt in die Irre, da die Wertentwicklung des DAX im Vergleich zum Dow Jones dabei überzeichnet wird bzw. der Dow Jones im Vergleich zum DAX deutlich schlechter abschneiden würde.

Anleger in **Aktien-ETFs** sollten daher entweder nur Performance-Indizes oder nur Kursindizes miteinander vergleichen. Auch für den S&P 500 und MSCI World existieren Performance-Indizes, deren Wertentwicklung dann mit dem DAX gut verglichen werden kann.

Wer sich für Aktien-ETFs mit wieder angelegten (thesaurierten) Ausschüttungen entscheidet, vergleicht am besten den aktuellen Depotwert mit dem Kaufwert, um die Wertentwicklung sowie Rendite pro Jahr in Prozent zu ermitteln.

Wie sich die Kurse in Zukunft entwickeln werden, kann niemand vorhersehen. Doch die vergangenen Jahre zeigen, ob der Fonds im Marktvergleich schwach oder stark abgeschnitten hat. Sparer sollten sich regelmäßig mit der **Wertentwicklung** ihrer Fondspolice beschäftigen. Entwickelt sich einer der gewählten ETFs nicht wie gewünscht, ist es sinnvoll, **umzuschichten.** Die meisten Versicherungen ermöglichen das kostenlos.

4.2.2 Kapitalauszahlung statt lebenslanger Rente

Die Kapitalauszahlung ist bei Fondspolicen zwar nicht mehr komplett steuerfrei wie bei vor 2005 abgeschlossenen Verträgen, zumindest aber **steuerbegünstigt.** Das bedeutet konkret: Nur die Hälfte des Unterschiedsbetrags zwischen Kapitalauszahlung und Beitragssumme wird mit dem persönlichen Steuersatz versteuert.

Auch für diese **steuerbegünstigten privaten Rentenversicherungen mit Kapitalwahlrecht** sind zwei weitere Bedingungen zu erfüllen:

- Vertragslaufzeit mindestens zwölf Jahre,
- Auszahlung der Versicherungsleistung erst nach Vollendung des 60. Lebensjahres bei Vertragsabschluss in den Jahren 2005 bis 2011 bzw. des 62. Lebensjahres bei Abschluss ab 2012.

Wird in diesem Fall eine der beiden Bedingungen nicht erfüllt, unterliegt der gesamte Kapitalertrag (Unterschiedsbetrag zwischen Ablaufleistung und Beitragssumme) der **Abgeltungsteuer von 25 %**. Selbst bei einem Spitzensteuersatz von 42 % schneidet ein **steuerbegünstigter Neuvertrag besser** ab, da in diesem Fall nur eine Einkommensteuer in Höhe von 21 % des Kapitalertrags fällig wäre.

In der Praxis führt das Versicherungsunternehmen aber auch bei steuerbegünstigten Lebensversicherungen 25 % des Kapitalertrags an das Finanzamt ab, also die volle Abgeltungsteuer. Dazu ist der Versicherer sogar laut Einkommensteuergesetz verpflichtet. Der Steuerzahler muss sich dann die zu viel bezahlte Steuer über die Anlage KAP zur Einkommensteuererklärung vom Finanzamt wieder zurückholen. Dazu benötigt er die Bescheinigung der Versicherung über die bezahlte Abgeltungsteuer.

Ablaufleistung einer fondsgebundenen privaten Rentenversicherung 100.000,– €, Beitragssumme 60.000,– € (= jährlich 3.000,– € × 20 Jahre) und somit Kapitalertrag von 40.000,– € (= 100.000,– € Ablaufleistung ./. 60.000,– € Beitragssumme).

In diesem Fall führt die Versicherung zunächst 10.000,– € (= 25 % von 40.000,– €) an das Finanzamt ab. Sofern der persönliche Steuersatz bei 30 % liegt, macht die tatsächlich zu zahlende Steuer allerdings nur 6.000,– € aus, da nur die Hälfte von 40.000,– € und somit 20.000,– € zu versteuern sind. Somit wurden Steuern in Höhe von 4.000,– € zu viel einbehalten, die auf Antrag des Steuerpflichtigen über den Einkommensteuerbescheid wieder an ihn zurückfließen.

4.3 Lebenslange Renten nach Immobilienverkauf

Üblicherweise erhält der Verkäufer einer Ware den vereinbarten Kaufpreis sofort auf einen Schlag oder gegen Rechnung mit einer Zahlungsfrist bis zu einem Monat. Auch beim **Immobilienverkauf** gilt das Prinzip »Ware gegen Geld«.

Zahlungen des Käufers in Form von **festen Kaufpreisraten** über einen **vereinbarten Zeitraum** oder im Wege einer **lebenslangen Rente** können aber eine einmalige Zahlung des Kaufpreises ganz oder teilweise ersetzen.

Es gibt darüber hinaus noch eine **Reihe von Sonderfällen** wie Verkauf auf Rentenbasis und gegen Wohnrecht oder Vermögensübertragung gegen Nießbrauch durch Wohnrecht im Eigenheim bzw. Mietertrag bei vermieteten Immobilien. Im ersten Fall handelt es sich um eine Veräußerung gegen wiederkehrende Bezüge und Einräumung eines lebenslangen Wohnrechts. Der zweite Fall stellt eine Schenkung mit Auflage dar, die letztlich nichts anderes als eine vorweggenommene Erbfolge darstellt.

Bei einem **Hausverkauf auf Rentenbasis** wird nicht die einmalige Zahlung eines Kaufpreises, sondern eine periodisch wiederkehrende, meist monatliche Rentenzahlung vereinbart. Sie ist auf die Lebenszeit eines Menschen (Leibrente) oder auf die Dauer von mindestens zehn Jahren (Zeitrente) ausgerichtet.

Die **Höhe der Veräußerungsleibrente** orientiert sich am Verkehrswert der Immobilie und berücksichtigt das Alter des Verkäufers sowie das aktuelle Zinsniveau.

Für den Immobilienverkäufer ist die **langfristige Sicherung seines Lebensstandards** durch die Rentenzahlung von großer Bedeutung. Damit während der häufig sehr langen Laufzeiten von Leibrenten kein Kaufkraftverfall eintritt, vereinbaren Käufer und Verkäufer eventuell noch eine Wertsicherungsklausel, die eine mögliche Geldentwertung durch **Koppelung der Rente an die Inflationsrate** ausgleicht.

Die Veräußerungsleibrente ist im Gegensatz zur reinen **Versorgungs- oder Unterhaltsrente unter nahen Angehörigen** eine nach kaufmännischen Grundsätzen abgewogene Gegenleistung für den Erwerb einer Immobilie. Sie kann also auch mit Verwandten, also mit den nächsten Angehörigen, vereinbart werden, muss aber dann einem Fremdvergleich standhalten. Das ist dann der Fall, wenn der Rentenbarwert als Summe aller abgezinsten Leibrenten in etwa dem **Verkehrswert** der Immobilie entspricht.

Immobilienrenten sollten unbedingt zugunsten des Verkäufers als Reallast erstrangig im **Grundbuch** eingetragen werden. Durch eine Reallast wird gemäß § 1105 BGB ein Grundstück in der Weise belastet, dass der Begünstigte einen grundbuchlich gesicherten Anspruch auf »wiederkehrende Leistungen aus dem Grundstück« erhält.

Immobilienrenten können als **Leibrente** oder **Zeitrente** vereinbart werden. Die Leibrente wird dem Verkäufer der Immobilie bis an sein Lebensende gezahlt (§ 759 BGB) und ist somit eine lebenslange Rente. Die Zeitrente wird hingegen für einen bestimmten Zeitraum von mindestens zehn Jahren gezahlt, und zwar unabhängig von einem zwischenzeitlichen Ableben des Verkäufers.

Leibrenten können für die Lebensdauer einer einzelnen Person oder mehrerer Personen (»verbundene Leben«, z.B. für Ehepartner oder Geschwister) vereinbart werden. Dabei stellen sich die **Risiken** für Verkäufer und Käufer unterschiedlich dar:

1. Eine Leibrente bedeutet für den **Verkäufer** eine lebenslange finanzielle Absicherung. Allerdings trägt er das Risiko, dass er früh verstirbt. Insofern ist die Immobilien-Leibrente für den Verkäufer wie jede andere Leibrente (z.B. die gesetzliche Rente) eine Wette auf ein langes Leben.

2. Für den **Käufer** besteht das Risiko einer Leibrente darin, dass die von ihm gezahlte Summe aller Renten bei einer sehr langen Lebensdauer des Verkäufers deutlich höher ausfallen kann als bei einer einmaligen Kaufpreiszahlung. Insofern trägt der Käufer das finanzielle Risiko, dass der Verkäufer ein hohes Alter von z.B. mehr als hundert Jahren erreicht.

Der Berechnung einer Leibrente liegen der **Verkehrswert der Immobilie** und die aus den Sterbetafeln des Statistischen Bundesamts zu entnehmende fernere **Lebenserwartung des Verkäufers** zugrunde. Außerdem werden neben dem gewählten Zinssatz auch der Zahlungsrhythmus (z.B. monatlich oder quartalsweise) berücksichtigt sowie die vor- oder nachschüssige Zahlung zu Beginn oder Ende eines Abrechnungszeitraums. Eine eventuelle Vereinbarung einer Leibrente für verbundene Leben fließt ebenfalls in die Berechnung ein.

Grundsätzlich gilt: Je älter ein Verkäufer zum Zeitpunkt des Vertragsabschlusses ist, desto höher ist seine Leibrente. Wegen der längeren Lebenserwartung von Frauen liegt die Leibrente bei Frauen niedriger im Vergleich zu gleichaltrigen Männern. Als frei gestaltbare Varianten sind darüber hinaus z.B. eine Teilverrentung des Kaufpreises (Kombination einer verringerten Einmalzahlung mit einer Leibrente), ein späterer Beginn der Rentenzahlungen oder eine spätere Übergabe der Immobilie möglich.

Sinnvoll ist es, zusätzlich zum Hausverkauf auf Rentenbasis ein lebenslanges Wohnrecht für den Verkäufer zu vereinbaren. Die Rentenzahlung wird dann um den Wert dieses Wohnrechts verringert.

Berechnung und Besteuerung von Immobilien-Leibrenten

Die Immobilien-Leibrente als **Rente aus Stein** lässt sich zumindest von der Höhe her gut mit einer Sofortrente aus einer privaten Rentenversicherung vergleichen. Wenn z.B. ein heute 75-jähriger Verkäufer seine Immobilie zu einem Preis von **500.000,- €** verkauft und diesen Verkaufserlös als Einmalbeitrag bei einem kostengünstigen Direktversicherer wie HUK 24 investieren würde, bekäme er dort eine **garantierte Sofortrente von monatlich 2.401,- €** und eine unter günstigen Kapitalmarktbedingungen mögliche Rente von 2.675,- €.

Bei einer ferneren Lebenserwartung von 11,10 Jahren für einen 75-jährigen Mann und 13,17 Jahren für eine gleichaltrige Frau laut Statistischem Bundesamt liegt die mögliche Rentensumme nur bei **356.310,- € beim Mann** bzw. **422.757,- € bei der Frau** und somit in beiden Fällen unter dem Einmalbeitrag. Dass diese Rentensummen den Einmalbeitrag von 500.000,- € deutlich **unterschreiten,** hängt mit der Sterbetafel DAV 2004 R der privaten Rentenversicherer zusammen, die einen Sicherheitspuffer für den Versicherer beinhaltet. Danach liegt die **fernere Lebenserwartung** rund **fünf Jahre höher** im Vergleich zur durchschnittlichen Lebenserwartung laut Statistischem Bundesamt.

Wenn man jedoch die fernere Lebenserwartung laut Statistischem Bundesamt sowie eine geringe Verzinsung von 1 % zugrunde legt, errechnet sich bereits eine monatliche Leibrente von 3.965,- € beim Mann bzw. 3.376,- € bei der Frau. In diesem Fall läge die Rentensumme unter Berücksichtigung der statistischen Lebenserwartung immerhin bei **528.138,- € beim Mann** bzw. **533.543,- € bei der Frau.**

Immobilien-Leibrenten werden wie Privatrenten aus privaten Rentenversicherungen ausschließlich mit dem **Ertragsanteil** besteuert. Dieser Ertragsanteil umfasst den pauschal geschätzten Zinsanteil der Privatrente. Der in der Privatrente enthaltene Kapitalanteil bleibt steuerfrei. Bei lebenslang gezahlten **Leibrenten** richtet sich der steuerpflichtige Ertragsanteil nach dem vollendeten Lebensjahr bei Rentenbeginn.

Je später der Rentenbeginn liegt, desto geringer fällt wegen der statistisch geringeren Lebensdauer auch der Ertragsanteil aus. Bei **67-Jährigen** sind es z.B. **17 %** und bei 75-Jährigen nur 11 %. Umgekehrt steigt der Ertragsanteil, je jünger der Rentenbezieher ist. 60-jährige Privatrentner müssen z.B. 22 % ihrer Privatrente versteuern und 55-Jährige 26 %.

Solvente Käufer und Rentenzahler gesucht

Die individuelle **Interessenlage des Verkäufers** entscheidet darüber, ob für ihn eine **Leibrentenzahlung** günstiger ist als eine **Einmalzahlung** des Kaufpreises. Ein Immobilienverkäufer kann durch die Vereinbarung einer Leibrente seinen Lebensunterhalt finanziell absichern oder seine Altersrente aufbessern. Bei einem langen Leben erzielt der Verkäufer mit einer Leibrentenvereinbarung einen größeren Gesamterlös als bei einer einmaligen Kaufpreiszahlung.

Allerdings müssen Verkäufer, die eine Immobilie auf Rentenbasis veräußern möchten, auf dem freien Immobilienmarkt einen **zahlungskräftigen Käufer** finden, der für viele Jahre und Jahrzehnte in der Lage ist, die vereinbarte Rente zu bezahlen.

Immobilienverkäufer scheuen häufig davor zurück, ihr **finanzielles Wohlergehen** von einem privaten Käufer abhängig zu machen, der zwar zum jetzigen Zeitpunkt zahlungskräftig erscheinen mag, bei dem jedoch meist schwer einzuschätzen ist, wie die Bonität des Käufers in einigen Jahren beschaffen sein wird.

Auf jeden Fall sollte der Verkäufer die Leibrente erstrangig im **Grundbuch** absichern, und zwar unter **Reallast** in der zweiten Abteilung des Grundbuchs. Falls der private Käufer später ein Hypothekendarlehen aufnimmt und es wegen rückständiger Rückzahlung der Raten auf Antrag der Gläubigerbank zu einer **Zwangsversteigerung** kommen sollte, müsste der Ersteigerer die aus der Leibrente bestehenden Rechte übernehmen und anstelle des ursprünglichen Käufers die Leibrente an den ehemaligen Verkäufer zahlen.

Sollte der private Käufer mit der Zahlung der Leibrenten an den Verkäufer in Rückstand geraten, kann der ehemalige Verkäufer die Zwangsversteigerung der Immobilie beantragen. Sein Recht auf Zahlung einer Leibrente durch den Ersteigerer erlischt nur, sofern dieses Recht **nicht erstrangig** im Grundbuch eingetragen ist.

Um ein Verschleudern der Immobilie in der Zwangsversteigerung zu verhindern, kann der ehemalige Verkäufer selbst im Versteigerungstermin bieten oder enge Verwandte für ihn bieten lassen. Das wäre die allerletzte Möglichkeit, um finanzielle Verluste zu vermeiden.

Da beim Immobilienverkauf gegen Leibrente der Zeitpunkt des Ablebens beim Verkäufer immer ungewiss bleiben wird, ist diese Verkaufsvariante sowohl für Verkäufer als auch für Käufer mit einem **finanziellen Risiko** verbunden. Für den Verkäufer ist die Leibrente eine »**Wette auf ein langes Leben**«. Je länger er im Vergleich zur statistischen Lebenserwartung laut Sterbetafel des Statistischen Bundesamts lebt, desto mehr lohnt sich für ihn der Verkauf auf Rentenbasis.

Für den Käufer ist es gerade umgekehrt. Er geht eine »**Wette auf einen frühen Tod**« des Verkäufers ein. So makaber es auch klingen mag: Je früher der Verkäufer verstirbt, desto eher zahlt sich der Kauf gegen Leibrente für ihn aus.

Wegen dieser Risiken auf beiden Seiten ist es verständlich, dass der Verkauf auf Rentenbasis insbesondere unter **engen Angehörigen** vorkommt. Hier können beide Seiten – der in aller Regel betagte Verkäufer und der meist aus der nachfolgenden Generation stammende Käufer (z.B. Sohn, Tochter, Neffe oder Nichte) – noch am ehesten die fernere Lebenserwartung des Verkäufers abschätzen und eine faire Leibrente aushandeln.

4.4 Zeitrenten bei Auszahlplänen

Ein **Auszahlplan** oder Entnahmeplan für Ruheständler funktioniert genau umgekehrt zum Sparplan. Vermögen wird nicht durch Sparen aufgebaut, sondern im Gegensatz dazu durch regelmäßige Auszahlungen **abgebaut**. Sofern der Auszahlplan zum Ende der Laufzeit den vollständigen Kapitalverzehr vorsieht, ist das in einen Auszahlplan investierte Vermögen vollständig verschwunden. Es handelt sich also um laufendes **Entsparen**.

Letztlich geht es um die Schaffung einer zusätzlichen **Einkommensquelle im Alter,** also um eine **Zusatzrente**. Vermögen wird durch den Auszahlplan in Einkommen verwandelt. Während das Vermögen in der persönlichen Bilanz abnimmt, steigen die laufenden Einnahmen im Haushaltsbudget.

Im Unterschied zur lebenslangen Rente bzw. Leibrente, zu denen z.B. die gesetzliche Rente und betriebliche Rente zählen, handelt es sich beim Auszahlplan mit begrenzter Laufzeit um eine **Zeitrente**. Der Auszahlplan mit vollständigem Kapitalverzehr bis zu einem bestimmten Zeitpunkt bietet also **keine lebenslange finanzielle Absicherung** bis zum Ableben. Nur wenn es sich um einen Auszahlplan mit vollständigem Kapitalerhalt handeln würde, läge eine lebenslange Rente vor, die sich dann allerdings allein aus laufenden Kapitalerträgen speisen müsste.

Auszahlpläne mit Kapitalverzehr werden – anders als Leibrenten – nur für einen bestimmten Zeitraum abgeschlossen. Die Auszahlungen in Form von Zeitrenten erfolgen unabhängig vom Alter und der ferneren Lebenserwartung des Anlegers, der das **Langlebigkeitsrisiko** mit solchen Zeitrenten nicht absichern kann.

Vorteil gegenüber einer Lebensversicherung: Stirbt er vor Ablauf des vereinbarten Zeitraums, tritt der Erbe (z.B. Ehepartner) in seine Fußstapfen und erhält entweder das verbleibende Restkapital oder die noch bis zum Ende der **Laufzeit** verbleibenden Renten. Das investierte Kapital fällt also nicht dem Finanzinstitut anheim.

Auszahlpläne von Bausparkassen und Banken

Lediglich zwei Bausparkassen bieten Auszahlpläne auch mit einer Laufzeit von über zehn Jahren an. Das sind der **maxAuszahlungsplan** der Bausparkasse Mainz (BKM) und das Entnahmedepot der Debeka Bausparkasse.

Beim **maxAuszahlungsplan** der Bausparkasse Mainz sind Einmalanlagen ab 10.000,– € für Laufzeiten von 5 bis 30 Jahren möglich. Die Zinskonditionen sind nach Laufzeit wie folgt gestaffelt (Stand 15.5.2021):

Laufzeit	Festzins
5 Jahre	0,15 %
10 Jahre	0,3 %
15 Jahre	0,5 %
20 Jahre	1,0 %
25 Jahre	1,5 %
30 Jahre	2,0 %

Die Zinskonditionen beim **Entnahmedepot** der Debeka Bausparkasse weichen davon nur geringfügig ab, wie aus folgender Aufstellung ersichtlich ist (Stand 15.5.2021):

Anlagezeitraum	Zinssatz
5 bis 6 Jahre	0,3 %
7 bis 11 Jahre	0,5 %
12 Jahre	0,8 %
13 bis 15 Jahre	1,0 %
16 bis 19 Jahre	1,1 %
20 bis 24 Jahre	1,2 %
25 bis 30 Jahre	1,3 %

Banken bieten Auszahlpläne meist nur mit Laufzeiten von fünf bis zehn Jahren an. Bei der **Gefa Bank** in Wuppertal gibt es z.B. 0,45 % für eine Anlagedauer von zehn Jahren und bei der **IKB Bank** in Düsseldorf nur 0,2 % pro Jahr.

Außer Gefa Bank und IKB Bank haben auch einige andere Banken und Sparkassen Auszahlungspläne mit Laufzeiten bis zu zehn Jahren im Angebot. Oft sind die Zinskonditionen aber noch schlechter als bei diesen beiden Banken.

Es empfiehlt sich, auch bei der Hausbank nachzufragen, denn bei Auszahlplänen von Banken fallen keine zusätzlichen Gebühren an.

Die **Vererbbarkeit** von Auszahlungsplänen ist im Gegensatz zu Leibrenten ein Pluspunkt. Im Todesfall wird in aller Regel das noch nicht verbrauchte Kapital an die Erben ausgezahlt. Freilich kann es sein, dass der Auszahlungsplan fortgeführt und die monatlichen Auszahlungen bis zum Ende der Laufzeit an die Erben erfolgen. Um auf Nummer sicher zu gehen, sollte man sich die Vertragsbedingungen und das Produktinformationsblatt aushändigen lassen und genau durchlesen.

Auszahlpläne mit Investmentfonds und ETFs

So sicher Auszahlpläne von Bausparkassen und Banken auch sein mögen: Die **Festzinsen von maximal 1 %** vor Steuern bei einer 20-jährige Laufzeit sind recht gering. Hoffnung auf höhere Zinssätze besteht erst, falls die anhaltende Niedrigzinsphase zu Ende gehen und das allgemeine Zinsniveau wieder steigen sollte. Wer aber jetzt einen Auszahlungsplan über Bausparkassen oder Banken abschließen will, muss sich notgedrungen mit den aktuellen Angeboten zufriedengeben.

Umgekehrt gilt: Wer mit Auszahlplänen **Renditen von mindestens 3 %** vor Steuern erzielen will, muss seine Einmalanlage nach dem Grundsatz: »Je höher die Rendite, desto höher das Risiko« in Investmentfonds oder börsennotierte Indexfonds (ETFs) investieren. Allein Auszahlpläne mit Investmentfonds (Aktien-, Renten-, Misch- und offene Immobilienfonds) und ETFs (Aktien- oder Renten-ETFs) versprechen höhere Renditen. Mit einem Auszahlplan,

4 | Privatrente: Steuervorteile bei der Auszahlung

der auf internationale Aktienfonds oder Aktien-ETFs wie den MSCI World setzt, sind auf Dauer Renditen von **4 % und mehr** zu erzielen. Sichere Fondsrenditen von über 2 % pro Jahr kann es aber dort nicht geben. Im schlechtesten Fall sind sie sogar negativ, was vor allem bei kurzen Laufzeiten passieren kann.

Je länger die **Laufzeit,** desto wahrscheinlicher sind Fondsrenditen von durchschnittlich 4 bis 5 % pro Jahr vor Steuern. Wegen möglicher Kurseinbrüche an der Aktienbörse macht eine Laufzeit von nur fünf Jahren wenig Sinn. Zehn Jahre sollten es mindestens schon sein. **20, 25 oder 30 Jahre** Laufzeit für einen Auszahlplan über Investmentfonds und ETFs, die über Aktien bzw. Aktienindizes laufen, sind besser. Dann besteht kaum noch Gefahr, dass die Renditen unter 2 % liegen oder sogar negativ werden.

In der folgenden Tabelle werden monatliche Auszahlungen für eine Einmalanlage in Höhe von 100.000,- € und eine prognostizierte Rendite von 3 bis 5 % genannt.

Tabelle 5: Monatliche Auszahlung bei Einmalanlage von 100.000,- €

Kapitalverzehr	monatliche Auszahlung bei Renditen vor Steuern von ...		
	3 %	4 %	5 %
5 Jahre	1.795,- €	1.838,- €	1.882,- €
10 Jahre	964,- €	1.009,- €	1.055,- €
15 Jahre	689,- €	736,- €	785,- €
20 Jahre	553,- €	602,- €	654,- €
25 Jahre	472,- €	524,- €	578,- €
30 Jahre	410,- €	473,- €	530,- €

Das Problem: Es gibt bei Investmentfonds und ETFs naturgemäß keine feststehenden Renditen. Wenn dennoch eine feste Auszahlung von z.B. 524,- € pro Monat bei 4 % Rendite für 100.000,- € Einmalanlage gewünscht ist, wird die vorgesehene Laufzeit (hier 25 Jahre) bei geringerer Rendite gekürzt und bei höherer Rendite verlängert. Mit einer flexiblen bzw. variablen Auszahlung kann zwar eine laufende Anpassung an die tatsächliche Rendite erzielt werden, aber das macht den Verlauf des Auszahlplans unübersichtlich.

Auszahlplan mit Aktien-ETFs

Wer sich im Ruhestand für einen Auszahlplan mit Aktien-ETFs entscheidet, kann immer zwischen **Kapitalerhalt** (kein Vermögensabbau) und stetigem **Kapitalverzehr** (mit stetigem Vermögensabbau) wählen. Da der reine ETF-Auszahlplan keine private Rentenversicherung darstellt, kann der vollständige Kapitalverzehr bzw. der komplette Vermögensabbau auch noch zu Lebzeiten erfolgen. Daher ist die Leibrente aus der gesetzlichen oder privaten Rentenversicherung auch kein Konkurrenzprodukt. Vielmehr stellt der ETF-Auszahlplan eine **sinnvolle Ergänzung** bzw. Beimischung zu laufenden Renten dar, die bis ans Lebensende ausgezahlt werden.

Typischerweise erfolgen Berechnungen ohne Berücksichtigung von Steuern und Inflation. Die **Wirtschaftswoche** hat in ihrer Ausgabe vom 4.5.2018 allerdings Berechnungen für einen **kombinierten Spar- und Auszahlplan nach Steuern und Inflation** vorgelegt. Wer z.B. als 40-Jähriger eine monatlich gleichbleibende Sparrate von 471,– € bis zum Erreichen der Regelaltersgrenze von 67 Jahren in einen ETF-Aktiensparplan einzahlt, kann bei einer laut **Wirtschaftswoche** eher vorsichtig kalkulierten Rendite von jährlich 5 % vor Steuern (rund 3,68 % nach Abzug der Abgeltungsteuer inklusive Solidaritätszuschlag) mit einer monatlichen Zusatzrente nach heutiger Kaufkraft von 500,– € rechnen, und zwar 33 Jahre lang bis zum 100. Geburtstag.

Der heute 30-Jährige müsste bei sonst gleichen Annahmen monatlich nur 338,– € einzahlen, um die gleich hohe Rente zu erhalten. Allerdings muss sein ETF-Sparplan dann zehn Jahre länger laufen. Beim heute 20-Jährigen wären es monatlich nur 259,– €. Im Gegensatz dazu müsste ein heute 50-Jähriger monatlich schon 753,– € einzahlen, um vom 67. bis 100. Lebensjahr bei einer angenommenen Rendite von jährlich 5 % vor Steuern bzw. 3,68 % nach Steuern eine monatliche Rente von 500,– € nach Steuern und nach heutiger Kaufkraft erwarten zu können.

Privatrente: Steuervorteile bei der Auszahlung

Kosten sparen über bestimmte Direktbanken und Fondsvermittler

Auszahlpläne mit Investmentfonds und ETFs kosten Geld. Über Direktbanken und Fondsvermittler wird es billiger. Die **Direktbank Finvesto** berechnet je Auszahlung rund 0,45 % plus eine jährliche Depotgebühr von 15 bzw. 30,- € je nach Depotmodell. Bei der **Augsburger Aktienbank** als Fondsvermittler sind es nur 0,2 % pro Auszahlung plus Depotgebühren von 19,95 € im Jahr.

Auch bei den **Fondsbanken** wie Ebase, Fondsdepot Bank und FIL Fondsbank gibt es Auszahlpläne. Als **Filialbank** bietet die Targobank einen Auszahlplan mit relativ hohen Kosten an. Dort werden 2,5 % je Auszahlung fällig sowie eine jährliche Depotgebühr von 30,- €.

Anlagen in ETFs gelten zwar grundsätzlich als kostengünstig. Bei Auszahlplänen kann es aber bei Fixkosten pro Monatsrate (statt Kosten in Prozent der jeweiligen Auszahlung) teuer werden. Sofern ETF-Anteile bei Geldbedarf über die Börse verkauft werden, fallen Transaktionskosten an, die überwiegend in Prozent des Auszahlungsbetrags berechnet und je nach ETF variieren können.

Das lässt sich dadurch umgehen, dass man sich die Raten nicht monatlich, sondern viertel-, halbjährlich oder jährlich auszahlen lässt.

Kombi-Auszahlpläne

Ein einziger Auszahlplan – entweder mit Festzins über eine Bausparkasse oder mit höheren Erträgen bei Aktien-ETFs – **ist nicht unbedingt das Gelbe vom Ei.** Wer als sicherheitsorientierter Anleger überhaupt kein Kurs- oder Zinsrisiko eingehen will, muss sich bei Auszahlplänen von Bausparkassen oder Banken mit festen Zinsen bis zu maximal 2 % bei einer Laufzeit von 30 Jahren begnügen. Höhere Renditen sind bei Auszahlplänen mit Investmentfonds und ETFs unter Inkaufnahme von Risiken möglich.

Was liegt näher, eine Einmalanlage von 100.000,– € zu **splitten** und jeweils zur Hälfte in einen Auszahlplan einer Bausparkasse und einen Auszahlplan mit ETFs zu investieren? Ein solcher **Kombi-Auszahlplan** bietet mehr Chancen als ein Auszahlplan mit Festzins und federt die Risiken eines Auszahlplans mit Aktien-ETFs ab.

Dazu ein **Beispiel** für eine Laufzeit von 25 Jahren:

- Die **ersten 50.000,– €** werden im Auszahlplan der Bausparkasse Mainz mit einem Festzins von 1,5 % angelegt. Die feste monatliche Auszahlung macht dann rund **194,– €** aus.

- Die **zweiten 50.000,– €** wandern in einen Auszahlplan mit Aktien-ETFs. Bei einer prognostizierten Rendite von 4 % ist eine monatliche Auszahlung von **262,– €** drin.

- Beide Auszahlungen zusammen ergeben eine monatliche Rate von **456,– €**.

Das sind **mehr** als die 388,– € bei der Einmalanlage von 100.000,– € in einen Auszahlplan der Bausparkasse, aber **weniger** als die 524,– € beim Auszahlplan mit Aktien-ETFs.

Sollte die Rendite beim ETF-Auszahlplan höher als 4 % ausfallen, wird die feste Auszahlung von 262,– € über das 25. Jahr hinaus fortgesetzt. Bei Renditen unter 4 % endet dieser Auszahlplan vor dem 25. Jahr.

5 Riester-Rente: Lukrative Zulagen für Familien

Die nach dem ehemaligen Bundesarbeitsminister Walter Riester benannte Riester-Rente wird seit Anfang 2002 staatlich gefördert. In den letzten Jahren ist sie immer häufiger wegen der **hohen Kosten** und den **niedrigen Zinserträgen** in die Kritik geraten.

Am 11.5.2021 waren es 20 Jahre her, seit der Bundestag das entsprechende Gesetz über die Riester-Rente verabschiedete. Statt Jubiläumsstimmung gab es **Protest.** Bund der Versicherten, Verbraucherzentrale Bundesverband und Bürgerbewegung Finanzwende forderten plakativ: »Stoppt die Riester-Rente!«.

Aktuell wird vor allem die Beitrags- bzw. **Kapitalerhaltgarantie** kritisiert, die in der Niedrigzinsphase von den Versicherern bei neu abgeschlossenen Riester-Verträgen kaum noch zu schaffen ist. Immer mehr Versicherer bieten daher keine Riester-Verträge mehr an.

Diese Garantie besagt, dass am Ende der **Beitragsphase** ein Riester-Kapital in Höhe der Beitragssumme inklusive der staatlichen Zulagen zur Verfügung stehen muss. Möglicherweise wird diese **Bruttobeitragsgarantie** für künftige Riester-Verträge entfallen oder auf maximal 80 % der Beitragssumme samt Zulagen begrenzt. Für laufende Riester-Verträge gibt es aber weiter einen Bestands- bzw. Vertrauensschutz.

Das heißt im Klartext: Das **Riester-Kapital** am Ende der Beitragsdauer muss bei Altverträgen weiterhin bei **mindestens 100 %** der gesamten Riester-Beiträge einschließlich Riester-Zulagen liegen.

Riester-Beiträge können in der **Ansparphase** mit den jährlichen **Altersvorsorge-Zulagen,** z.B. Grundzulage 175,– € für jeden förderberechtigten Erwachsenen und Kinderzulage 300,– € für jedes nach 2008 geborene Kind, und eventuell zusätzlichen Steuerersparnissen gefördert werden. Der förderfähige Höchstbeitrag inklusive Zulagen liegt bei **2.100,– €** pro Jahr.

5 | Riester-Rente: Lukrative Zulagen für Familien

 Um die volle Förderung zu erhalten, müssen 4 % des rentenversicherungspflichtigen Vorjahresgehalts abzüglich der zu erwartenden Zulagen in einen zertifizierten Vorsorgevertrag eingezahlt und die Förderung beantragt werden – am besten durch einen Dauerzulagenantrag.

5.1 Staatliche Förderung in der Beitragsphase

Seit dem Jahr 2002 können Arbeitnehmer und Beamte **Riester-Zulagen** beantragen und zusätzlich Riester-Beiträge einschließlich Zulagen als Sonderausgaben steuerlich abziehen. Ist der steuerliche Abzug der Beiträge günstiger als die Riester-Zulage, erhält der Riester-Sparer eine **zusätzliche Steuerersparnis.**

Falls aber die Riester-Zulagen, z. B. bei Familien mit mehreren Kindern, bereits mehr bringen als notwendig ist, um die **Riester-Beiträge steuerfrei** zu stellen, entfällt diese zusätzliche Steuerersparnis. Im Bürokratendeutsch liest sich das so: »Übersteigt der Zulagenanspruch die Wirkung des entsprechenden Sonderausgabenabzugs, verbleibt es gleichwohl bei einer Förderung in Höhe der Zulage«.

In der **Rentenbezugsphase** wird die Riester-Rente voll besteuert. Beiträge zur gesetzlichen Kranken- und Pflegeversicherung fallen nur dann an, wenn der Riester-Rentner freiwillig gesetzlich krankenversichert und somit nicht in der KVdR (Krankenversicherung der Rentner) pflichtversichert ist.

Lohnend vor allem für Familien

Seit 2018 liegt die jährliche **Grundzulage** bei **175,– €**. Hinzu kommt für jedes ab 2008 geborene Kind, für das der Zulagenberechtigte Kindergeld erhält, eine **Kinderzulage** von **300,– €** im Jahr. Für vor 2008 geborene Kinder sind es lediglich **185,– €** pro Kind und Jahr.

Riester-Rente: Lukrative Zulagen für Familien | 5

Wenn eine Arbeitnehmerin drei Kinder ab 2008 geboren hat, stehen ihr somit insgesamt 1.075,– € an Zulagen pro Jahr zu. Da andererseits nur höchstens 2.100,– € im Jahr staatlich gefördert werden, macht die Zulagen- bzw. **Förderquote 51 %** des höchstmöglichen Riester-Beitrags inklusive Zulagen aus.

Da der persönliche Grenzsteuersatz höchstens 42 % ausmacht, liegt die Förderquote von 51 % in diesem Fall darüber. Das heißt, eine zusätzliche Steuerersparnis entfällt. Mehr als 42 % von 2.100,– € bzw. mehr als 882,– € im Jahr kann diese Mutter mit drei Kindern nicht an Steuern sparen.

Demnach lohnt sich für sie ein Riester-Vertrag in der Ansparphase zumindest im Vergleich mit der rein steuerlichen Förderung, und zwar so lange, wie sie für alle drei Kinder Kindergeld bezieht.

Als Faustregel gilt: Wer durch die Zulagenförderung besser abschneidet als durch die steuerliche Förderung, kann von einer Riester-Rente günstigstenfalls profitieren. Andernfalls handelt es sich um eine Verlagerung von Konsumausgaben von der Berufsphase in den Ruhestand, also um eine recht umständliche Sparbüchse. Schließlich sind die Riester-Auszahlungen komplett steuerpflichtig.

Je niedriger das Einkommen, desto lukrativer

Die Förderquote steigt sogar noch weiter, wenn das jährliche Bruttogehalt unter 52.500,– € liegt. Bei einem Jahresbruttogehalt von z. B. **30.000,–** € liegt der Gesamtsparbeitrag bei 1.200,– € (= 4 % von 30.000,– €) inklusive Zulagen.

Da die Zulagen bereits 1.075,– € ausmachen, liegt die **Förderquote** bei rund **90 %** und lediglich 125,– € im Jahr müssen aus eigenem Einkommen aufgebracht werden.

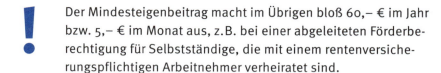

> Der Mindesteigenbeitrag macht im Übrigen bloß 60,– € im Jahr bzw. 5,– € im Monat aus, z.B. bei einer abgeleiteten Förderberechtigung für Selbstständige, die mit einem rentenversicherungspflichtigen Arbeitnehmer verheiratet sind.

Laut Alterssicherungsbericht 2020 der Bundesregierung liegt die Zulagen- bzw. **Förderquote** im Durchschnitt bei rund **31 %**. Bei Riester-Sparern ohne Kinder sind es nur 18,5 %. Die Förderquote steigt aber deutlich mit der Anzahl der Kinder. Bei einem Kind sind es im Durchschnitt 41 %, bei zwei Kindern 57 %, bei drei Kindern 68 % und bei vier und mehr Kindern sogar 77 %.

Drei Jahre zuvor lag die durchschnittliche **Förderquote** noch deutlich höher. Laut Alterssicherungsbericht 2017 lag der **Gesamtbeitrag** inklusive Zulagen bei durchschnittlich **1.062,– €** pro Jahr bzw. 88,50 € im Monat. Die durchschnittliche Höhe der staatlichen **Förderung** betrug **356,– €** pro Jahr. 70 % der staatlichen Förderung von insgesamt rund 4 Milliarden Euro pro Jahr entfielen auf die Zulagen (Grundzulage und Kinderzulagen) und lediglich rund 30 % auf die zusätzliche Steuerersparnis.

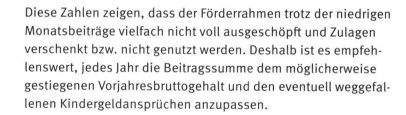

> Diese Zahlen zeigen, dass der Förderrahmen trotz der niedrigen Monatsbeiträge vielfach nicht voll ausgeschöpft und Zulagen verschenkt bzw. nicht genutzt werden. Deshalb ist es empfehlenswert, jedes Jahr die Beitragssumme dem möglicherweise gestiegenen Vorjahresbruttogehalt und den eventuell weggefallenen Kindergeldansprüchen anzupassen.

Von der Zulagen- bzw. **Förderquote,** die bloß den Anteil der Zulagen am Gesamtbeitrag inklusive Zulagen angibt, ist die **Gesamtförderquote** als Anteil der gesamten staatlichen Förderung aus Zulagen und Steuerersparnis am Gesamtbeitrag inklusive Zulagen zu unterscheiden. Diese Gesamtförderquote liegt höher als die Zulagen- bzw. Förderquote, da sie auch die eventuell zusätzliche Steuerersparnis enthält. Die staatliche Förderung der Riester-Rente in der Ansparphase setzt sich also immer aus der **Zulage** und der zusätzlichen **Steuerersparnis** zusammen.

Hohe Förderung bei Gering- und Durchschnittsverdienern mit Kindern

Zu Recht wird immer wieder die hohe staatliche Förderung für Gering- und Durchschnittsverdiener mit Kindern betont. Wer z.B. nur 20.000,– € brutto im Jahr verdient und einen Riester-Beitrag von nur 800,– € im Jahr inklusive Zulage leistet, kommt bereits mit Grundzulage und Kinderzulage für ein Kind zusammen auf 475,– € und damit auf eine **Förderquote** von fast **60 %**.

Bei zwei ab 2008 geborenen Kindern liegen die Zulagen sogar bei 775,– €. Um diese Zulagen auch zu bekommen, muss nur der Mindesteigenbeitrag von 60,– € im Jahr aus eigenen Mitteln bestritten werden. Bei einem Riester-Beitrag von 835,– € liegt dann die **Förderquote** sogar bei **93 %**.

Bei einem Durchschnittsverdienst von 41.541,– € wie im Jahr 2021 steigt der jährliche Riester-Beitrag auf rund 1.662,– € (= 4 % von 41.541,– €) inklusive Zulagen, um die vollen Zulagen zu erhalten. Bei drei ab 2008 geborenen Kindern erhöhen sich die Zulagen auf 1.075,– € und eine **Förderquote** von **65 %**.

In allen genannten Fällen sind die Zulagen und damit die Förderquoten im Vergleich zum Riester-Beitrag in Höhe von 4 % des Jahresbruttogehalts inklusive Zulagen so hoch, dass sich ein Riester-Vertrag **durchaus lohnen kann.** Allerdings werden Grund- und Kinderzulage anteilig gekürzt, wenn weniger als 4 % des Bruttogehalts pro Jahr geleistet werden. Zudem führen niedrige Verdienste und niedrige Riester-Beiträge später auch zu relativ niedrigen Riester-Renten.

Gering- und Durchschnittsverdiener können aber auch den höchstmöglich geförderten Riester-Beitrag von 2.100,– € im Jahr einzahlen. Dann sinkt zwar die Förderquote, aber andererseits ist später auch eine entsprechend höhere Riester-Rente zu erwarten.

5 | Riester-Rente: Lukrative Zulagen für Familien

Geringe Förderung bei Durchschnitts- und Höherverdienern ohne Kinder

Schon bei Durchschnittsverdienern ohne Kinder sinkt die Förderquote auf nur noch **11 %**, sofern 1.662,- € für den jährlichen Riester-Beitrag aufgewandt werden. Bei einem maximalen Riester-Beitrag von 2.100,- € pro Jahr für Bruttojahresgehälter ab 52.500,- € fällt die Förderquote sogar auf **8 %**. Die Grundzulage von 175,- € im Jahr liegt dann nur noch so hoch wie der monatliche Riester-Beitrag.

Da die Förderquote deutlich unter den persönlichen Grenzsteuersatz sinkt, kommt es zu einer **zusätzlichen Steuerersparnis**. Das setzt aber voraus, dass der Riester-Sparer den **Dauerzulagenantrag** ausfüllt und die Riester-Beiträge in der **Anlage AV** (Altersvorsorgebeiträge) zur jährlichen Einkommensteuererklärung auch geltend macht.

In solchen Fällen wäre es sträflich leichtsinnig, das Ausfüllen dieses Steuerformulars zu unterlassen. Man verschenkt dadurch bares Geld in Höhe der nicht erhaltenen Steuerersparnisse.

Ebenso falsch wäre es, überhaupt **keinen Zulagenantrag** zu stellen in der irrigen Annahme, dass dann eben alles über die Steuerersparnis wieder reingeholt werde. Richtig ist vielmehr, dass die Zulage als bereits erfolgte Steuervergütung unabhängig davon abgezogen wird, ob sie tatsächlich beantragt wurde.

Dazu das **Beispiel** eines Höherverdieners ohne Kind mit einem Jahresbruttogehalt von 52.500,- €, der den Riester-Höchstbeitrag von 2.100,- € jährlich inklusive Grundzulage von 175,- € aufbringt. Sofern er ledig ist, liegt die fiktive Steuerersparnis bei 611,- €, dies sind 29 % des Riester-Beitrags inklusive Zulage. Nach Abzug der Riester-Zulage von 175,- € verbleibt noch eine hohe zusätzliche Steuerersparnis von 436,- €.

Beim verheirateten Höherverdiener ohne Kind sinkt die zusätzliche Steuerersparnis auf **285,– €,** da die fiktive Steuerersparnis bei 460,– € liegt und davon die Riester-Zulage von 175,– € abgezogen wird. Riester-Zulage und zusätzliche Steuerersparnis machen zusammen also 22 % des Riester-Beitrags inklusive Zulage aus und damit genauso viel wie die fiktive Steuerersparnis.

Riester-Zulagen bringen den Durchschnitts- und Höherverdienern ohne Kinder de facto also nicht mehr im Vergleich zu einer vollen steuerlichen Abzugsfähigkeit der Beiträge ohne Zulagen. Es wäre weniger bürokratisch, wenn diese Riester-Beiträge in Höhe von 2.100,– € in vollem Umfang steuerlich unter Sonderausgaben abzugsfähig wären und keine Verrechnung mit der Riester-Zulage erfolgen würde.

Die pauschale Annahme, dass sich eine Riester-Rente vor allem für alleinstehende Spitzenverdiener mit einem Grenzsteuersatz von **42 %** lohne, führt in die Irre. Zwar läge die fiktive Steuerersparnis dann bei 882,– € (= 42 % von 2.100,– € Riester-Beitrag inklusive Zulage) und die zusätzliche Steuerersparnis nach Abzug der Riester-Grundlage von 175,– € bei hohen 707,– € im Jahr. Es macht aber keinen Sinn, einen jährlichen Netto-Riester-Beitrag von 1.218,– € (= 2.100,– € ./. Riester-Zulage 175,– € und zusätzlicher Steuerersparnis 707,– €) isoliert zu betrachten und die später zu erwartende **Netto-Riester-Rente** überhaupt nicht zu berücksichtigen.

Spitzenverdiener mit einer hohen Steuerprogression von 42 % werden auch als Rentner noch mit Grenzsteuersätzen von z.B. 30 % rechnen müssen. Dann bleiben von einer Riester-Rente in Höhe von z.B. 200,– € brutto im Monat auch nur 140,– € netto übrig.

 Ganz entscheidend kommt es darauf an, wie die zu erwartende Netto-Riester-Rente im Verhältnis zu den gezahlten Netto-Riester-Beiträgen abschneidet. Das Preis-Leistungs-Verhältnis sollte nicht nur für Waren und Dienstleistungen gelten, sondern als Beitrag-Rente-Verhältnis auch für Riester-Verträge.

5 | Riester-Rente: Lukrative Zulagen für Familien

Reformvorschläge zur staatlichen Förderung

Mittlerweile gibt es Vorschläge, das Zulageverfahren zu **vereinfachen** und für weniger Bürokratie zu sorgen. Außerdem soll der förderfähige Riester-Beitrag von maximal 2.100,– € **dynamisiert** werden und z.B. 4 % der jeweils geltenden Beitragsbemessungsgrenze in der gesetzlichen Rentenversicherung ausmachen. Das würde den höchstmöglichen Riester-Beitrag aktuell um rund 60 % steigern.

Zudem wird vorgeschlagen, die Riester-Rente für alle zu öffnen und auch Selbstständige sowie Nicht-Erwerbstätige wie Hausfrauen bzw. Hausmänner mit einzubeziehen. Diese Reformvorschläge zur **erweiterten staatlichen Förderung** reichen aber nicht aus, sofern sie die typischen aktuellen Probleme der Riester-Rente wie minimaler Garantiezins, kaum noch erreichbare Beitragserhaltgarantie sowie zum Teil noch immer hohe Vertriebs- und Verwaltungskosten ausblenden.

Der Branchenverband GDV (Gesamtverband der deutschen Versicherungswirtschaft) warnt, viele Riester-Anbieter würden sich ab 2022 vom Markt zurückziehen, wenn die **Bruttobeitragsgarantie** bei 100 % bliebe. Wörtlich heißt es: »Das führt zu einer De-facto-Beerdigung der Riester-Rente.« Der Lobbyverband der Versicherer schlägt vor, die Garantie des Beitragserhalts von 100 auf **80 %** zu senken. Er hält die Riester-Rente prinzipiell für verbesserungsfähig, z.B. durch ein vereinfachtes Fördersystem und ein einfaches Standardprodukt.

5.2 Höhe und Arten der Riester-Rente

Die Höhe der monatlichen **Brutto-Riester-Rente** hängt von folgenden Faktoren ab:

- Beitragssumme (sämtliche Riester-Beiträge inklusive Zulagen),
- plus laufende Verzinsung bei Rentenversicherung oder jährliche Wertentwicklung bei Fonds,
- minus Vertriebs- und Verwaltungskosten,

- die Summe ergibt die Höhe des Riester-Kapitals am Ende der Beitragsphase;
- multipliziert mit dem garantierten und möglichen Rentenfaktor (monatliche Riester-Rente pro 10.000,– € Riester-Kapital),
- verteilt auf die fernere Lebenserwartung des Versicherten ab Rentenbeginn laut Sterbetafel DAV 2004 R der Lebens- und Rentenversicherer.

Garantiezins und Beitragserhaltgarantie

Der Garantiezins für Lebens- und Rentenversicherungen (offiziell auch als Höchstrechnungszins bezeichnet) ist von 3,25 % bei Abschluss eines Riester-Vertrags in den Jahren 2002 und 2003 stetig bis auf 0,25 % bei Neuabschluss ab 2022 gesunken.

Dieser Garantiezins bezieht sich immer nur auf die Riester-Beiträge nach Abzug der Vertriebs- und Verwaltungskosten. Bei Garantiezinsen von nur 0,25 % auf die Beiträge nach Kosten wird es kaum noch möglich sein, die **Beitrags- bzw. Kapitalerhaltgarantie** zu erfüllen.

Es wird künftig kein Weg daran vorbeiführen, diese Beitragserhaltgarantie aufzuheben und stattdessen gar keine Garantien mehr zu geben oder nur in Höhe von z.B. 80 % der Beitragssumme. Garantien kosten die Versicherer viel Geld. Sofern sie darauf verzichten dürfen, können sie das Geld der Riester-Sparer auch verstärkt in **Sachwertanlagen** wie Aktien oder Immobilien investieren.

Laufende Verzinsung und jährliche Wertentwicklung

Die laufende Verzinsung inklusive der Überschussanteile liegt zwar im Jahr 2021 noch bei durchschnittlich 2 %, aber auch diese laufende Verzinsung ist von Jahr zu Jahr weiter gesunken. Sollte sie künftig 2 % unterschreiten und der Kostenanteil bei 10 % liegen, wird der Beitragserhalt bei einer Vertragslaufzeit von zwölf Jahren kaum noch zu erreichen sein.

Vertriebs- und Verwaltungskosten

Riester-Verträge sind häufig mit hohen einmaligen und laufenden Kosten belastet. In vielen Fällen fressen **Vertriebs- und Verwaltungskosten** die Riester-Zulage von 175,– € komplett auf. Was nützt eine solche Zulage in Höhe von 8,3 % des Riester-Höchstbeitrags von 2.100,– € im Jahr, sofern die Kosten über 175,– € im Jahr und z. B. bei 10 % liegen?

Im Rentenversicherungsbericht 2020 der Bundesregierung werden wie in jedem anderen Rentenversicherungsbericht vorher für Berechnungen zur Höhe der Riester-Rente **Verwaltungskosten von 10 %** zugrunde gelegt. Diesen Kostensatz hält der Sozialbeirat der Bundesregierung in mehreren Gutachten für zu niedrig. Wenn aber z. B. sogar **15 %** der Riester-Beiträge für Vertriebs- und Verwaltungskosten draufgehen, kann auch nur ein Beitragsanteil von 85 % verzinslich angelegt werden.

Riester-Kapital

Unter Riester-Kapital ist die Beitragssumme inklusive Zulagen und zuzüglich aller Nettoerträge (also gesamte Zinserträge bzw. Wertentwicklung insgesamt minus Kosten) zu verstehen. Dieses Kapital steht dann für die lebenslang zu zahlende Riester-Rente zur Verfügung. **Das Riester-Kapital muss mindestens so hoch sein wie die Beitragssumme inklusive Zulagen.** Das schreibt die für bestehende Riester-Verträge geltende Beitrags- bzw. Kapitalerhaltgarantie verbindlich vor.

Eine vollständige Kapitalauszahlung ist nicht erlaubt. Allerdings kann sich der Riester-Sparer am Ende der Laufzeit für eine **Teilkapitalauszahlung** von bis zu **30 %** des Riester-Kapitals entscheiden. Statt einer Nur-Riester-Rente kann man sich auch für eine Kombination aus Teilkapitalauszahlung von 30 % und entsprechend gekürzter Riester-Rente entscheiden. Zwar ist eine solche Teilauszahlung förderunschädlich und führt nicht zur Rückzahlung von Zulagen und zusätzlichen Steuerersparnissen, allerdings ist die Teilkapitalauszahlung voll zu besteuern, was lediglich in Jahren mit einem geringen persönlichen Steuersatz Sinn macht.

Bei sehr niedrigen Riester-Renten von bis zu aktuell **31,85 €** im Monat wird eine **Abfindung** gezahlt, die zu versteuern ist. Eine Kombination von Teilkapitalauszahlung und Abfindung ist nicht möglich. Rutscht also die Riester-Rente nach der Auszahlung von 30 % des Riester-Kapitals unter 31,85 €, wird ausnahmsweise diese Mini-Rente lebenslang gezahlt.

Rentenfaktor pro 10.000,– € Riester-Kapital

Unter dem Rentenfaktor verstehen die Versicherer die monatliche Rente pro 10.000,– € Kapital. Wenn die Beitragssumme inklusive Zulagen z. B. 42.000,– € ausmacht und das Riester-Kapital 60.000,– €, führt die monatliche Riester-Rente von z. B. 210,– € brutto zu einem **Rentenfaktor** von **35,– €** pro 10.000,– € Riester-Kapital im Monat (= 210,– € : 6).

Bei Verträgen zur Riester-Rentenversicherung, die in den letzten Jahren abgeschlossen wurden, wird für Riester-Renten ab dem 67. Lebensjahr meist nur noch ein **Rentenfaktor** von monatlich **30,– €** pro 10.000,– € Riester-Kapital garantiert.

Fernere Lebenserwartung für künftige Riester-Rentner

Das Riester-Kapital steht für die lebenslang zu zahlenden Riester-Renten zur Verfügung. Wenn die Jahrgänge ab 1964 erst mit 67 Jahren in Rente gehen, liegt die fernere Lebenserwartung laut Statistischem Bundesamt bei rund **20 Jahren für Männer** und **23 Jahren für Frauen.**

Bei Riester-Renten wird jedoch die Sterbetafel DAV 2004 R der Rentenversicherer zugrunde gelegt, wonach die fernere Lebenserwartung rund **fünf Jahre höher** liegt. Somit wird das Riester-Kapital ab dem Alter von 67 bei Frauen auf bis zu 28 Jahre verteilt. Je höher die angesetzte Rentendauer, desto geringer fallen die Riester-Renten aus.

Höhe der Riester-Rente in Rentenversicherungsberichten

Im Rentenversicherungsbericht 2020 der Bundesregierung werden monatliche Riester-Renten für die Zugangsjahre 2010 bis 2034 genannt unter vier **unrealistischen Annahmen:**

- Riester-Beiträge in Höhe von 4 % der jeweiligen Durchschnittsverdienste inklusive Riester-Zulage,
- langfristige Verzinsung 4 % (niedriger aber in den Jahren 2015 bis 2026),
- Verwaltungskosten in Höhe von 10 % der Riester-Beiträge,
- fernere Lebenserwartung nach der Sterbetafel des Statistischen Bundesamts.

Schon die Annahmen zur langfristigen Verzinsung der Riester-Beiträge sind viel zu optimistisch, wie auch der Sozialbeirat der Bundesregierung mehrmals angemahnt hat. Wer z.B. in den 20 Jahren von 2002 bis 2021 immer den jeweils für Durchschnittsverdiener geltenden Riester-Beitrag gezahlt hat, kommt auf eine **Beitragssumme von 23.267,– €** inklusive Zulagen. Dafür soll es laut Rentenversicherungsbericht 2020 der Bundesregierung eine monatliche **Riester-Rente von 132,– €** brutto geben.

Die jährliche Riester-Rente würde somit 6,8 % der Beitragssumme ausmachen. Da eine durchschnittliche **Verzinsung von knapp 4 %** und **Verwaltungskosten von 10 %** zugrunde gelegt werden, könnte das Riester-Kapital rund 38.000,– € ausmachen. Der Rentenfaktor würde dann bei rund 35,– € pro 10.000,– € Riester-Kapital im Monat liegen.

Ein Riester-Kapital von 38.000,– € erscheint aber **viel zu optimistisch,** wie auch ein Hinweis im Alterssicherungsbericht 2020 der Bundesregierung zeigt. Danach lag die durchschnittliche Riester-Rente im Zugangsjahr 2019 nur bei monatlich **65,– €** brutto. Hingegen wird im Rentenversicherungsbericht eine monatliche Riester-Rente von **101,– €** für das gleiche Zugangsjahr genannt. Das sind immerhin 55 % mehr im Vergleich zur tatsächlich erzielten Riester-Rente.

Wie optimistisch die im Rentenversicherungsbericht 2020 der Bundesregierung genannten Riester-Renten sind, zeigt auch das **Beispiel** für den Riester-Vertrag eines Durchschnittsverdieners über 30 Jahre, also von 2002 bis 2031. Die Beitragssumme inklusive Zulagen liegt bei 42.084,– €. Im Zugangsjahr 2032 soll die Riester-Rente brutto dann 287,– € betragen. Bei einem geschätzten Rentenfaktor von **35,– €** pro 10.000,– € Riester-Kapital und Monat müsste das Riester-Kapital dann auf 82.000,– € angewachsen sein und bei einem Rentenfaktor von **40,– €** auf knapp 72.000,– €.

Die langfristige Verzinsung von knapp **4 %** in den Modellrechnungen der Rentenversicherungsberichte (bis 2014 und ab 2027 bei 4 %, nur in den Jahren 2015 bis 2026 unter 4 %) liegt eindeutig **zu hoch.**

Der Sozialbeirat der Bundesregierung zweifelte bereits in seinem Gutachten zum Rentenversicherungsbericht 2012 die vergleichsweise hohe Grundverzinsung von 4 % und die relativ niedrigen Vertriebs- und Verwaltungskosten von 10 % der Beitragssumme an. Er empfahl stattdessen, eine geringere langfristige **Verzinsung von 3 %** und eine **Kostenquote von 20 %** zugrunde zu legen.

Selbst eine langfristige Verzinsung von 3 % ist zurzeit sehr optimistisch. Die laufende **Verzinsung im Jahr 2021** beträgt durchschnittlich nur **2,08 %.** Die Spanne reicht von 3 % bei Ideal über 2,3 % bei Allianz, 2,0 % bei Ergo und HUK und 1,65 % bei WWK bis zu nur 1,25 % bei Debeka.

Formen der Riester-Rente

Es gibt nicht die Riester-Rente schlechthin, sondern in der Praxis sogar **fünf verschiedene Formen** von Riester-Renten:

1. private Riester-Rente aus klassischer Riester-Versicherung,
2. private Riester-Rente aus Fondssparplan,
3. private Riester-Rente aus Banksparplan,
4. Wohn-Riester-Rente beim Eigenheim,
5. betriebliche Riester-Rente.

Von **16,4 Millionen Riester-Sparern** setzen laut Alterssicherungsbericht 2020 der Bundesregierung noch 10,7 Millionen bzw. **65 %** auf die klassische Riester-Rentenversicherung. 3,3 Millionen bzw. **20 %** favorisieren Riester-Fondssparpläne und 1,8 Millionen bzw. **11 %** die Wohn-Riester-Rente. Die restlichen 0,6 Millionen bzw. **4 %** haben noch Riester-Banksparpläne. Geschätzt 300.000 Verträge zur betrieblichen Riester-Rente sind in den Zahlen für klassische Riester-Rentenversicherungen oder Riester-Fondssparpläne bereits enthalten.

Die Bundesregierung schätzt, dass rund **20 %** der Riester-Sparer ihre Riester-Verträge **beitragsfrei** gestellt haben. Somit gäbe es nur rund 13 Millionen aktive Riester-Verträge.

5.3 Klassische Riester-Rentenversicherung

Glücklich können sich die Riester-Sparer der ersten Stunde schätzen, denen bei Abschluss einer klassischen Riester-Rentenversicherung im Jahr 2002 oder 2003 ein **Zins von 3,25 %** auf ihre Beiträge nach Kosten und eine schon beim Vertragsabschluss festgelegte Riester-Rente garantiert wurde. Auch wer in den Jahren 2004 bis 2011 einen Riester-Vertrag abgeschlossen hat, behält den Garantiezins von 2,75 % (Jahre 2004 bis 2006) bzw. 2,25 % (Jahre 2007 bis 2011).

> Solche Riester-Verträge mit Garantiezinsen von über 2 % pro Jahr sollte man auf keinen Fall kündigen. Zusätzlich zu diesen Zinsen wird bei diesen Altverträgen ja auch noch der Beitrags- bzw. Kapitalerhalt garantiert. Insofern gibt es eine dreifache Garantie aus garantierter Mindestverzinsung, garantierter Mindestrente und garantiertem Beitrags- bzw. Kapitalerhalt.

Weniger lukrativ sind bestehende Riester-Verträge aus den Jahren 2012 bis 2016 mit Garantiezinsen von nur noch 1,75 % (2012 bis 2014) bzw. 1,25 % (2015 und 2016). Spätestens mit der Senkung des Garantiezinses auf nur 0,9 % (2017 bis 2021) bzw. nur noch 0,25 % pro Jahr bei **Neuabschluss** ab 2022 wird die klassische Riester-Rentenversicherung zum Auslaufmodell.

Riester-Rente: Lukrative Zulagen für Familien | 5

Ende 2018 gab es nur noch 15 Angebote mit klassischen Riester-Rentenversicherungen. CosmosDirekt bietet bereits seit 2018 keine klassischen Riester-Renten mehr an. Andere Versicherer wie Allianz und Europa sind mittlerweile ebenfalls aus dem für sie nicht mehr lohnenden Geschäft mit klassischen Riester-Rentenversicherungen ausgestiegen. **Ab 2022** wird es kaum noch einen Versicherer geben, der Angebote zur klassischen Riester-Rentenversicherung für private Kunden bereithält.

Neuabschluss lohnt sich nicht mehr

Im Jahr 2021 gibt es noch Angebote bei den Direktversicherern HUK24 und Hannoversche mit einem Garantiezins von 0,9 %, einer garantierten Riester-Rente und einer Garantie des Riester-Kapitals in Höhe der Beitragssumme. Dass sich selbst diese Angebote von kostengünstigen Direktversicherern mit dreifacher Garantie **nicht mehr lohnen,** zeigt folgendes Beispiel.

Eine heute 37-jährige gut verdienende Versicherte (geboren im Jahr 1984) mit zwei in 2015 und 2018 geborenen Kindern will eine klassische Riester-Rentenversicherung mit dem jährlichen Höchstbeitrag von 2.100,– € inklusive Zulagen abschließen und im Alter von 67 Jahren (also im Jahr 2051) eine klassische Riester-Rente beziehen.

Die Riester-Zulagen machen zusammen 775,– € im Jahr aus, solange sie Kindergeld für ihre beiden Kinder bezieht. Daher liegt ihr Eigenbeitrag bis zum Jahr 2033 nur bei 1.325,– € bzw. 110,42 € im Monat. Eine zusätzliche Steuerersparnis erhält sie in der Zeit mit zwei kindergeldberechtigten Kindern nicht.

Die Beitragssumme für insgesamt 30 Jahre liegt bei 63.000,– € inklusive Zulagen. Davon gehen Riester-Zulagen in Höhe von insgesamt 13.350,– € ab und eventuell zusätzliche Steuerersparnisse. Sofern die Gesamtförderung aus Zulagen und eventuell zusätzlichen Steuerersparnissen im Jahresdurchschnitt 37 % des Riester-Höchstbeitrags von 2.100,– € ausmacht, liegt der Netto-Eigenbeitrag insgesamt bei rund 40.000,– €.

HUK24 weist in diesem Fall eine garantierte monatliche Riester-Rente brutto in Höhe von 202,11 € aus. Sofern der persönliche Grenzsteuersatz im Rentenalter auf 25 % fällt, ist mit einer Riester-Rente von 151,58 € nach Steuern zu rechnen. Um den Netto-Eigenbeitrag von rund 40.000,– € zurückzuerhalten, werden 22 Jahre benötigt. Dann ist diese Frau bereits 89 Jahre alt. Sofern man von der Beitragssumme von 63.000,– € brutto und der garantierten Riester-Rente von 202,11 € brutto ausgeht, sind es sogar 26 Jahre.

Etwas günstiger fällt die Rechnung mit der von HUK24 angegebenen voraussichtlichen Riester-Rente von monatlich brutto 250,13 € aus. Für diese prognostizierte Rente rechnet HUK24 mit einer laufenden Verzinsung von 2 % wie im Jahr 2021. Nun sind es beim Vergleich des Netto-Eigenbeitrags von 40.000,– € mit der Netto-Riester-Rente von 175,09 € nur noch 19 Jahre, bis sie gezahlten Beiträge über die Riester-Renten zurückgeflossen sind. Beim Vergleich von 63.000,– € Brutto-Beitragssumme und Brutto-Riester-Rente von 250,13 € sind es noch 21 Jahre.

Das **Fazit** dieser ernüchternden Rechnung zeigt: Neuabschlüsse zur klassischen Riester-Rentenversicherung lohnen sich nicht mehr. Das gilt auch, wenn der persönliche Steuersatz von 25 % im Alter deutlich unter der Gesamtförderquote von 37 % im Erwerbsleben liegt wie in diesem Musterfall.

Allein wenn die **Gesamtförderquote 50 % und mehr** ausmachen und von der Riester-Rente im Alter **nur 15 % für Steuern** abgezogen würden, könnte sich das klassische Riestern eventuell noch lohnen. Bei einer Netto-Beitragssumme von 31.500,– € (= 50 % von 63.000,– €) und einer monatlichen Netto-Riester-Rente von 212,61 € (= 85 % der voraussichtlichen Rente von 250,13 €) würde es z.B. nur 10,5 Jahre dauern, bis die Rentensumme nach Steuern die Netto-Beitragssumme übersteigt. In diesem Sonderfall wären unter Berücksichtigung der ferneren Lebenserwartung einer heute 37-jährigen Frau noch positive Renditen zu erwarten.

5.4 Riester-Fondssparplan

Für weniger sicherheitsorientierte und auch Aktienanlagen gegenüber aufgeschlossene Riester-Sparer stellt ein Riester-Fondssparplan eine **gute Alternative** zur klassischen Riester-Rentenversicherung dar. Zwar gibt es keine Garantieverzinsung und keine garantierte monatliche Riester-Rente bei solchen Fondssparplänen, aber es besteht die Chance auf hohe Wertzuwächse bei Aktienanlagen über Investmentfonds. Die Beitrags- bzw. Kapitalerhaltgarantie wird zumindest für bestehende Riester-Fondssparpläne zugesichert.

Riester-Fondssparplan mit ETFs

Passiv gemanagte Fonds sind nicht nur wegen ihrer niedrigen Gebühren ideal für die private Altersvorsorge. Trotzdem gab es lange Zeit keine **ETF-Fondssparpläne** für die staatlich geförderte Riester-Rente.

Der Anbieter Raisin aus Berlin bietet mit dem Produkt **Raisin Pension ETF Riester** (kurz »ETF Riester«) eine einfache, transparente und abschlusskostenfreie Riester-Lösung auf ETF-Basis an. Das Ziel der Renditemaximierung bei gleichzeitigem Beitragserhalt zum Laufzeitende soll bei Raisin Pension durch ein wissenschaftlich fundiertes, passives und rein laufzeitabhängiges Portfolio-Modell erreicht werden.

Dieser ETF Riester von Raisin wird zurzeit überarbeitet, sodass der Abschluss neuer Verträge aktuell nicht möglich ist. Vermutlich wird es den Raisin Pension ETF Riester erst wieder geben, wenn die **Beitragserhaltgarantie** für künftige Riester-Verträge wegfällt.

Hintergrund: Der Vorläufer **Farriester ETF** als Anbieter und die Sutor Bank als Garantiegeber verkauften nach dem coronabedingten Kurssturz an den Aktienbörsen am 12.3.2020 alle Aktienfonds und ETFs aus den Depots der Riester-Sparer und schichteten diese in Cash um, da die Gefahr bestand, die gesetzlich vorgeschriebene Bruttobeitragsgarantie für Riester-Renten nicht mehr sichern zu können.

Die drei großen Anbieter von Riester-Fondssparplänen **Deka, DWS** und **Union Investment** setzen zwecks Beitragserhalt auf relativ komplizierte Sicherungsverfahren und vor allem auf das Umschichten gemanagter Fonds. Das bringt jedoch wegen der höheren Kosten weniger Rendite. Zudem besteht die Gefahr, dass viel zu früh in einen Anleihen- bzw. Rentenfonds mit minimaler Rendite umgeschichtet wird.

Deka Zukunftsplan Classic und DWS Toprente Dynamik

Den Riester-Fondssparplan der Deka bieten Sparkassen an. Die DWS Toprente Dynamik ist ein Riester-Fondssparplan der Deutschen Bank. Ab Juli 2021 hat die DWS das Neugeschäft mit Riester-Renten jedoch eingestellt, wovon auch die DWS Toprente Dynamik betroffen ist. Nur noch bestehende Riester-Fondssparpläne der DWS werden weitergeführt.

UniProfiRente von Union Investment

Union Investment ist mit seiner UniProfiRente unbestritten Marktführer unter den Riester-Fondssparplänen. Stolz wird auf der Homepage verkündet, dass 1,8 Millionen zufriedene Menschen in Deutschland bereits mit dem Marktführer riestern. In einem dreiminütigen Erklärfilm zur UniProfiRente »So funktioniert UniProfiRente/4P« soll man erfahren, dass riestern sich lohnen kann. Man könne mit der Riester-Rente jetzt seine Schäfchen ins Trockene bringen.

Da ist von der »beliebtesten Riester-Rente« die Rede, deren Rentenhöhe laut Institut für Vorsorge und Finanzplanung (IVFP) »exzellent« sei und die von der Zeitschrift »Finanztest« noch im Herbst 2017 als Riester-Rente mit den »höchsten Renditechancen« ausgezeichnet sei.

Mehr als die Hälfte aller Riester-Fondssparpläne stammen von Union Investment

1,8 Millionen und damit **55 %** der Riester-Fondssparpläne wurden bei der Union Investment abgeschlossen und über die Genossenschaftsbanken (Volksbank, Raiffeisenbank oder Spar- und Darlehenskasse) vertrieben. Mit großem Abstand folgen weitere Anbieter von Riester-Fondssparplänen wie DWS als Investmentgesellschaft der Deutschen Bank oder Deka als Fondsgesellschaft der Sparkassen. Da es aktuell insgesamt 16,5 Millionen Riester-Verträge gibt und 1,8 Millionen UniProfiRente-Kunden, hat jeder neunte Riester-Sparer in Deutschland einen Riester-Fondssparplan bei Union Investment.

In der Anspar- bzw. Beitragsphase werden die Einzahlungen aus Eigenbeiträgen und Riester-Zulagen ausschließlich in Fonds angelegt, um von den Ertragschancen der internationalen Kapitalmärkte profitieren zu können. Union Investment wisse, wie man Vorsorgevermögen anlegt und deutlich mehr daraus machen kann, heißt es auf der Homepage. Bis zu **100 %** würden **in Aktienfonds** angelegt. Ein intelligentes Konzept aus Chance und Sicherheit solle das angesparte Vermögen möglichst vergrößern und absichern.

Ab Juli 2021 nur noch Neuverträge mit einer Mindestlaufzeit von 20 Jahren

Riester-Fondssparpläne mit einer geringen Laufzeit rechnen sich laut Union Investment wegen der Kapitalgarantie für die eingezahlten Beiträge im Niedrigzinsumfeld allerdings nicht mehr. Wer ab Juli 2021 einen neuen Riester-Fondssparplan über Union Investment abschließen will, muss eine **Mindestlaufzeit von 20 Jahren** akzeptieren. Damit erhalten Menschen ab Mitte 40 beim Marktführer für Riester-Fondssparpläne künftig keinen staatlich geförderten Riester-Vertrag mehr.

Hohe Kosten und häufige Umschichtungen

Der Wertzuwachs beim Riester-Fondssparplan UniProfiRente erfolgt durch Anlage in die internationalen Aktienfonds UniVorsorge bzw. UniVorsorgeGlobal und den auf Euro-Anleihen spezialisierten Rentenfonds UniEuroRenta. So wuchs der **Rentenfonds UniEuroRenta** nach Angaben von Union Investment in den letzten fünf Jahren nur um 0,11 % pro Jahr vor Kosten im Vergleich zu noch 1,94 % pro Jahr in den letzten zehn Jahren (Stand 30.4.2021). Der **Aktienfonds UniVorsorgeGlobal** brachte für die Anleger in der Zeit von Ende April 2016 bis Ende April 2021 hingegen ein Plus von 13,18 % vor Kosten pro Jahr. Die Wertentwicklung über die letzten zehn Jahre lag bei 11,79 % pro Jahr.

Die **Fondskosten** sind aber relativ hoch: Die Ausgabeaufschläge liegen bei 3 % für den Rentenfonds UniEuroRenta bzw. 5 % für den Aktienfonds UniVorsorgeGlobal. Hinzu kommt eine einmalige Verwaltungsvergütung von zurzeit 0,6 bzw. 1,25 %. Die laufenden Kosten machen aktuell 0,73 % beim UniEuroRenta und 1,45 % beim UniVorsorgeGlobal aus.

Einen Garantiezins gibt es bei Riester-Fondssparplänen im Gegensatz zu Riester-Versicherungen nicht. Nur die Einzahlungen und Zulagen sind zu Rentenbeginn durch Union Investment garantiert. Das zur Rentenauszahlung kommende **Riester-Kapital** muss also zumindest so hoch sein wie die Beitragssumme inklusive Zulagen.

Diese **Beitragserhaltgarantie** ist aber nur ein schwacher Trost, wenn sich die Werte der Fonds nur mäßig entwickeln. Um diese Garantie zu erfüllen, erfolgen häufig **Umschichtungen** von Aktien- auf Rentenfonds bei stark sinkenden Aktienkursen wie in der Finanzkrise 2008, Eurokrise 2012 und Coronakrise 2020. Ebenso wird in den letzten Jahren vor Rentenbeginn in großem Maße in den Rentenfonds UniEuroRenta umgeschichtet. Meist machen die Aktienfonds UniGlobal bzw. UniGlobalVorsorge zum Rentenbeginn nur noch 10 % des Depotwerts aus.

Rentenphase bei der UniProfirente

Die Rentenphase bei der UniProfiRente besteht aus einem bis zum vollendeten 85. Lebensjahr laufenden **Fondsauszahlungsplan** und einer ab dem 85. Lebensjahr laufenden Rente aus einer aufgeschobenen **Rentenversicherung** der R+V-Versicherung. Z.B. bei 65-jährigen Neurentnern werden rund 70 % des Riester-Kapitals in den sofort beginnenden Auszahlplan bei UniEuroRenta und 30 % in den Einmalbeitrag für die aufgeschobene Rentenversicherung gesteckt.

Dieses Kombinationsmodell bei der UniProfiRente muss zumindest sicherstellen, dass die bei Abschluss des Riester-Vertrags angegebene Riester-Rente gezahlt wird. Üblicherweise erfolgt das über den **Rentenfaktor,** der die monatliche Rente pro 10.000,– € Riester-Kapital angibt. Wer diesen Rentenfaktor und das Riester-Kapital am Ende der Ansparphase kennt, kann die **garantierte Rente** selbst errechnen. Liegt der Rentenfaktor z.B. bei 30,– € und das Riester-Kapital bei 25.000,– €, macht die garantierte UniProfiRente 75,– € (= 30,– € × 2,5) aus.

Wenn das Riester-Kapital nur so hoch ist wie die Beitragssumme inklusive Zulagen oder nur geringfügig darüber, muss man schon **sehr alt** werden, um die Beiträge und Zulagen zumindest zurückzuerhalten.

Vergleiche lohnen sich

Künftige UniProfiRentner erhalten wie alle Riester-Sparer eine jährliche **Standmitteilung,** der sie den bisherigen Verlauf ihres Riester-Vertrags entnehmen können. Sofern darin das aktuelle Guthaben des Altersvermögens (Riester-Kapital) nicht angegeben ist, sollte man unbedingt nachhaken.

Auf den Vergleich zwischen aktuellem Riester-Guthaben und bisher aufgewandter Beitragssumme inklusive Riester-Zulagen kommt es dann an. Liegt das **Riester-Kapital** unter der bisherigen Beitragssumme, sind bereits Verluste eingetreten. Je näher der Rentenbeginn ist, desto eher wird die **Beitragserhaltgarantie** zum Zuge kommen. Lediglich die Beitragssumme inklusive Zulagen wird dann als Riester-Kapital zur Zahlung der Riester-Rente verwandt.

Auch der Vergleich zwischen den **angelaufenen Kosten** (einmalige und laufende Kosten) und den bisher **erhaltenen Riester-Zulagen** ist aufschlussreich. Sofern die Kosten bereits höher als die Grundzulagen ausfallen, ist das ein schlechtes Zeichen. Wer frühzeitig Informationen über den Verlauf seiner UniProfiRente einholt, kann sich spätere Enttäuschungen möglicherweise ersparen.

Riester-Anbieter wie Union Investment stellen die staatliche Förderung immer besonders stark in den Vordergrund. Bei der UniProfiRente/4P steht der Zusatz »4P« für **vier Prämien** (Riester-Zulage, Wohnungsbauprämie, Arbeitnehmersparzulage bei Fondssparen und Bausparen). Die Altersvorsorge muss sich aber auch ohne staatliche Förderung rechnen. Wohnungsbauprämien und Arbeitnehmersparzulagen können Gutverdiener im Übrigen gar nicht erhalten, wenn sie bestimmte Einkommensgrenzen überschreiten.

Verschwiegen wird in der Werbung gern, dass die **gesetzliche Rente** mit der Riester-Rente (z.B. UniProfiRente) durchaus **konkurrieren kann** und diese in den meisten Fällen sogar deutlich schlägt. Der mögliche Einwand, es gäbe gar keine staatliche Förderung für die gesetzliche Rente aus freiwilligen Beiträgen, zieht nicht. Schließlich sind die freiwilligen Beiträge zur gesetzlichen Rente steuerlich absetzbar, wenn auch bis 2024 nicht in voller Höhe. Richtig ist lediglich der Einwand, dass nur Nicht-Pflichtversicherte freiwillige Beiträge zur gesetzlichen Rente leisten dürfen.

Beitragsfreistellung statt Kündigung als Alternative

Wer Alternativen zur niedrigen Riester-Rente sucht, sollte sich diese sehr genau überlegen. Eine **Kündigung** ist beim Fondssparplan UniProfiRente zwar noch während der Fondsauszahlungsphase und vor Vollendung des 85. Lebensjahres möglich. Jedoch ist eine solche

Kündigung förderschädlich mit der Folge, dass sämtliche Zulagen und eventuell zusätzlichen Steuerersparnisse zurückgezahlt werden müssen. Kündigungen sind – wenn überhaupt – nur zu empfehlen, wenn der Riester-Vertrag **sehr gut gelaufen** ist und das Riester-Kapital am Ende der Ansparphase deutlich über den Einzahlungen inklusive Zulagen liegt.

Wenn der Rentenbeginn erst in einigen Jahren ansteht, kann bei einem enttäuschenden bisherigen Verlauf des Riester-Vertrags eine **Beitragsfreistellung** infrage kommen. Das Bundesaufsichtsamt für Finanzdienstleistungsaufsicht (BaFin) schätzt, dass gut ein Fünftel der 16,5 Millionen Riester-Sparer davon Gebrauch macht und den Riester-Vertrag ruhend stellt. Die staatliche Förderung über Riester-Zulagen und zusätzliche Steuerersparnisse wird dadurch nicht gefährdet.

5.5 Riester-Banksparplan

In einer Welt ohne Zinsen, wie die lang anhaltende Niedrig- und Nullzinsphase bereits genannt wird, sind Riester-Banksparpläne ebenso wie Riester-Rentenversicherungen nicht mehr attraktiv. Sie kosten zwar keine oder nur minimale Verwaltungskosten bis zu 15,- € im Jahr, werden aber wegen der minimalen bzw. fehlenden Zinsen **seit 2017** praktisch **nicht mehr angeboten.**

Die meisten Sparkassen und Volksbanken haben den Vertrieb von Riester-Banksparplänen eingestellt und verwalten nur noch die Verträge von Bestandskunden. Bei diesen Altverträgen wird die Riester-Rente zunächst in Form eines **Auszahlungsplans** bis zum 85. Lebensjahr erfolgen. Spätestens mit 85 Jahren muss das restliche Kapital dann in eine lebenslange Rente umgewandelt werden.

Da die Zinsen für einen Riester-Banksparplan variabel sind und aktuell in Richtung null sinken, sollten Sie nur noch mit dem Beitrags- bzw. **Kapitalerhalt** zum Ende der Beitragsdauer rechnen. Auch beim nachfolgenden Auszahlungsplan in der Rentenphase wird es de facto kaum noch eine Verzinsung geben. Daher ist es verständlich, dass sich nahezu alle Banken und Sparkassen aus diesem Geschäft zurückgezogen haben. Schließlich können sie selbst außer eventuellen Gebühren nichts mehr daran verdienen.

Ende 2019 gab es im gesamten Bundesgebiet nur noch **sechs Sparkassen,** die Riester-Banksparpläne für Neukunden anboten: die Stadtsparkassen in Aachen, Bamberg, Donauwörth und Pforzheim Calw sowie die Kreissparkassen in Northeim und Verden.

5.6 Wohn-Riester

Bei der **Wohn-Riester-Rente** gibt es eine Besonderheit, da diese sogenannte Eigenheimrente nicht in Geld zufließt, sondern z.B. für die schnellere Tilgung eines Bank- oder Bauspardarlehens verwandt wird. Die jährlichen Beiträge beim Riestern für das Eigenheim werden auf einem fiktiven **Wohnförderkonto** mit pauschal 2 % verzinst, unabhängig von den tatsächlichen Zinserträgen.

Das angesammelte Wohn-Riester-Guthaben wird dann spätestens zum 68. Lebensjahr aufgelöst und **komplett besteuert** über 17 Jahre bis zum vollendeten 85. Lebensjahr.

Statt der laufenden jährlichen Steuerzahlung kann sich der Wohn-Riester-Rentner auch für die **einmalige Steuerzahlung** mit **30 % Steuerrabatt** auf das Wohn-Riester-Guthaben entscheiden. Er hat sich dann der Steuern für die Wohn-Riester-Rente auf einen Schlag entledigt. Der Umstieg von einer laufenden Steuerzahlung auf eine Einmalzahlung ist jederzeit möglich.

Grundsätzlich gibt es drei Möglichkeiten, um staatlich geförderte Riester-Verträge in die Finanzierung eines Eigenheims einzubringen:

- Entnahme des in einem Riester-Vertrag angesparten Guthabens als Eigenkapital für Kauf oder Neubau eines Eigenheims bzw. zur laufenden Entschuldung eines bestehenden Eigenheims,

- Ansparen von Bausparverträgen und Tilgung von Bauspardarlehen,
- Tilgung von Wohn-Riester-Darlehen für Kauf oder Neubau des Eigenheims.

Statt eine Geldrente zu kassieren, stecken Sie Ihre Riester-Beiträge inklusive Zulagen in ein **selbst bewohntes Haus** oder eine **selbst genutzte Eigentumswohnung**. Die Wohn-Riester-Rente gibt es nicht für vermietete Immobilien.

Letztlich erzielen Sie mit Ihren Riester-Beiträgen eine **Tilgungsrendite**, da Sie die Zinslast durch höhere Eigenkapitalbildung oder laufende Entschuldung Ihres Eigenheims vermindern. Auf eine Riester-Rente aus Rentenversicherung, Fondssparplan oder Banksparplan müssen Sie dann allerdings verzichten, da Sie die staatliche Förderung (Zulagen und eventuell zusätzliche Steuerersparnisse) nicht doppelt kassieren dürfen.

Wer also künftig ein Einfamilienhaus oder eine Eigentumswohnung kaufen oder bauen will, sollte die Vorteile des Wohn-Riester-Vertrags abwägen gegen den Nachteil der fehlenden Geldrente. Gleiches gilt für gestandene Eigenheimbesitzer, die noch Restschulden abzutragen haben. Die Spielregeln für die staatliche Förderung von Wohn-Riester bleiben in beiden Fällen die gleichen.

5.7 Betriebliche Riester-Rente

Bisher wurde die Riester-Rente im Rahmen der betrieblichen Altersversorgung **kaum genutzt.** Laut Alterssicherungsbericht 2020 der Bundesregierung entschieden sich weniger als 3 % der sozialversicherungspflichtig beschäftigten Arbeitnehmer in der Privatwirtschaft und damit weniger als 800.000 für die betriebliche Riester-Rente.

Lediglich bei den Angestellten im öffentlichen und kirchlichen Dienst gab es mit rund 5 % der aktiv Pflichtversicherten und damit zusätzlich rund 300.000 freiwillig Versicherten relativ mehr Anwartschaften auf eine betriebliche Riester-Rente. Bei der VBL (Versorgungsanstalt des Bundes und der Länder) mit 1,8 Millionen Pflichtversicherten in der Zusatzversorgung des öffentlichen Dienstes dürften es allein rund 100.000 sein.

Wegfall von Kranken- und Pflegekassenbeiträgen ab 2018

Diese relativ geringe Verbreitung der betrieblichen Riester-Rente war **bis Ende 2017** auch auf den vollen Beitrag zur gesetzlichen Kranken- und Pflegeversicherung zurückzuführen. Alle Renten der betrieblichen Altersversorgung einschließlich der Zusatzversorgung im öffentlichen Dienst waren bis Ende 2017 beitragspflichtige Einnahmen. Ab 1.1.2018 lautet die Einschränkung »außer Betracht bleiben Leistungen aus Altersvorsorgevermögen im Sinne des § 92 des Einkommensteuergesetzes«. Dieser § 92 Einkommensteuergesetz verpflichtet die Anbieter von Riester-Renten, den Riester-Sparern eine Bescheinigung über die **Zulagenberechtigung** auszustellen. Seit dem Inkrafttreten dieser Neuregelung werden betriebliche Riester-Renten künftig von Beiträgen zur gesetzlichen Kranken- und Pflegeversicherung befreit.

Gesetzlich krankenversicherte Ruheständler müssen seit 2018 auf eine betriebliche Riester-Rente keine Beiträge zur gesetzlichen Kranken- und Pflegeversicherung mehr entrichten, sofern sie nicht ausnahmsweise freiwillig in der gesetzlichen Krankenkasse versichert sind. Das gilt **auch für bestehende Verträge** zur betrieblichen Riester-Rente. Für privat krankenversicherte Riester-Rentner kommt eine Beitragspflicht ohnehin nicht infrage.

Mit dem Wegfall dieser Beitragspflicht ab 2018 dürfte die betriebliche Riester-Rente allein schon wegen der deutlich geringeren Kosten der privaten Riester-Rente künftig überlegen sein.

Plausibel begründet wird diese **Beitragsbefreiung ab 2018** bereits im Entwurf zum Betriebsrentenstärkungsgesetz. Da Beiträge zur betrieblichen Riester-Rente in der Einzahlungsphase aus dem Nettogehalt der Beschäftigten stammen (Nettoentgeltumwandlung), stellte die ab 2004 geltende Beitragspflicht zur gesetzlichen Kranken- und Pflegeversicherung in der Auszahlungsphase eine doppelte Verbeitragung dar. Deshalb waren im Zeitraum von Anfang 2004 bis Ende 2017 betriebliche Riester-Renten gegenüber privaten Riester-Renten aufgrund der Beitragsabführung zur KV/PV sowohl in der Anspar- als auch in der Auszahlungsphase aus ökonomischer Betrachtung nicht zu empfehlen.

Mit dieser Doppelverbeitragung bei betrieblichen Riester-Renten ist es ab 2018 endlich vorbei. Bei bereits bestehenden Verträgen zur betrieblichen Riester-Rente gibt es eine **Beitrags- bzw. Kapitalerhaltgarantie** wie bei der privaten Riester-Rente. Danach muss das Riester-Kapital bei Rentenbeginn mindestens so hoch sein wie die Summe aus Eigenbeiträgen und Riester-Zulagen. Das ist im Altersvorsorge-Zertifizierungsgesetz so geregelt.

Betriebliche und private Riester-Renten sind somit völlig gleichgestellt. Offensichtlich ist es aber noch nicht zur Renaissance der betrieblichen Riester-Rente gekommen, die bisher eher ein stiefmütterliches Dasein fristet. Das könnte sich aber ändern, wenn die **Beitragsgarantie** für künftig abgeschlossene Riester-Verträge **wegfallen** würde. Für die betriebliche Riester-Rente gäbe es dann zwar nur noch eine reine Beitragszusage, aber der Verzicht auf Garantien eröffnet die Möglichkeit, einen Großteil der Riester-Beiträge und Riester-Zulagen in **Aktienfonds** und Aktien-ETFs anzulegen und damit eine höhere Rendite zu erzielen.

Niedrigere Kosten bei der betrieblichen Riester-Rente

Die **Vertriebs- und Verwaltungskosten** für Verträge zur betrieblichen Riester-Rente liegen **deutlich niedriger** im Vergleich zur privaten Riester-Rente. Abschlusskosten durch hohe Provisionen fallen gar nicht an. Auf diesen **Kostenvorteil**, der bei sonst gleichen Voraussetzungen zu einer höheren betrieblichen Riester-Rente führt, macht auch ein Hinweis im Gesetzentwurf zum Betriebsrentenstärkungsgesetz aufmerksam. Dort ist vom **Effizienzkollektiv organisierter Gruppenverträge** die Rede. Jeder weiß, dass Gruppentarife unter Kostengesichtspunkten zu günstigeren Tarifen führen.

Sollten einmalige Abschlusskosten entfallen und die laufenden Verwaltungskosten bei betrieblichen Riester-Verträgen deutlich **unter 2 %** pro Jahr liegen und etwa nur so hoch sein wie bei der Deutschen Rentenversicherung oder den Zusatzversorgungskassen, würde das zusammen mit dem Wegfall der Doppelverbeitragung die betriebliche Riester-Rente deutlich **attraktiver** machen und möglicherweise einen regelrechten Schub auslösen.

Mögliche Nachteile der betrieblichen Riester-Rente

Die betriebliche Riester-Rente ohne Beitragspflicht in der gesetzlichen Kranken- und Pflegeversicherung hat im Vergleich zur privaten Riester-Rente zwei mögliche Nachteile. Erstens gibt es **keine Zulagen für nicht berufstätige oder selbstständig tätige Ehegatten,** die bei der privaten Riester-Rente als mittelbar förderberechtigte Personen zumindest die Riester-Grundzulage erhalten, sofern sie den Mindesteigenbeitrag von 60,– € jährlich einzahlen. Für Ledige oder sozialversicherungspflichtig beschäftigte Ehegatten, die beide Anspruch auf eine Riester-Förderung haben, wirkt sich dieser Nachteil allerdings nicht aus.

Zweitens kann das aus der betrieblichen Riester-Rente stammende Riester-Kapital nicht für die Finanzierung eines Eigenheims verwandt werden. Aus dem **Betriebs-Riester** kann somit – im Gegensatz zum privaten Riester – **kein Wohn-Riester** werden. Aber auch das wird kein Nachteil sein für Arbeitnehmer, die bereits ein Eigenheim besitzen oder künftig mit ziemlicher Sicherheit kein Eigenheim erwerben werden.

6 Rürup-Rente: Steuervorteile bei der Einzahlung

Mit 2,4 Millionen Verträgen liegt die ab 2005 eingeführte **Basisrente** ganz weit hinter den über 16 Millionen Riester-Verträgen. Rürup-Rente wird sie meist genannt, weil Professor **Bert Rürup** damit eine neue kapitalgedeckte und steuerlich geförderte Rente aus der Taufe gehoben hat. Rürup war Vorsitzender einer Sachverständigenkommission zur steuerlichen Neuregelung der Alterseinkünfte und bis Ende Februar 2009 auch Vorsitzender des Sachverständigenrats, besser bekannt als **Rat der Wirtschaftsweisen**.

Der reine Zahlenvergleich zwischen Rürup-Rente und Riester-Rente ist aber nicht ganz fair. Die bereits ab Anfang 2002 in Kraft getretene Riester-Rente sollte den rund 30 Millionen sozialversicherungspflichtigen Arbeitnehmern und knapp zwei Millionen Beamten sowie den mittelbar förderberechtigten Familienmitgliedern einen Ausgleich für das **abgesenkte Rentenniveau** in der gesetzlichen Rentenversicherung bieten.

Die erst mit Inkrafttreten des Alterseinkünftegesetzes ab 1.1.2005 mögliche Rürup-Rente soll sich indes insbesondere an die **Selbstständigen** richten, die nicht in der gesetzlichen Rentenversicherung pflichtversichert sind und daher nicht riestern dürfen.

6.1 Basis- bzw. Rürup-Rente nicht nur für Selbstständige

Für **Selbstständige** bietet die Rürup-Rente oft die einzige Möglichkeit einer staatlich geförderten Altersvorsorge. Nur ganz wenige selbstständig Tätige sind in der gesetzlichen Rentenversicherung versicherungspflichtig. Freiwillige Beiträge zur gesetzlichen Rente zahlen nur wenige Selbstständige.

Freiberufler wie Ärzte, Apotheker, Anwälte, Architekten, Steuerberater oder Notare gehören fast immer einem berufsständischen

Versorgungswerk an und sind von der Versicherungspflicht in der gesetzlichen Rentenversicherung befreit.

Der Schluss, die Rürup-Rente käme bloß für Selbstständige und Freiberufler infrage, nicht dagegen für **Arbeitnehmer und Beamte,** ist aber falsch: Die Rürup-Rente steht allen Erwerbstätigen offen. »Riestern« können nur Arbeitnehmer und Beamte, »Rürupen« aber jeder.

Die Rürup-Rente ist wie die gesetzliche Rente eine reine Leibrente, die bis ans Lebensende des Rentners gezahlt wird. Im Unterschied zur umlagefinanzierten gesetzlichen Rente ist sie jedoch kapitalgedeckt. Das heißt, die monatlich oder jährlich gezahlten und nach Abzug der Kosten angelegten Rürup-Beiträge wandern in einen **Kapitalstock** (Rürup-Kapital), aus dem bei Rürup-Rentenversicherungen oder Rürup-Fondssparplänen dann die lebenslange Rürup-Rente geleistet wird.

Die Rürup-Rente kann bei ab 2012 abgeschlossenen Verträgen bereits mit **62 Jahren** beginnen, also auch vor Erreichen der Regelaltersgrenze von z.B. 67 Jahren in der gesetzlichen Rentenversicherung. Der Beginn kann prinzipiell auch über die Regelaltersgrenze hinausgeschoben werden, sodass auch noch Rentner Rürup-Beiträge zahlen können. Einige Anbieter legen einen spätesten Rentenbeginn fest, der meist beim **67. Lebensjahr** liegt.

Der Direktversicherer Europa bietet hingegen sogar Ruheständlern bis zum **77. Lebensjahr** noch die Möglichkeit zum Abschluss einer Rürup-Rente mit 10-jähriger Rentengarantie. In dem Riester-Fondssparplan mit ETF von Raisin Pension liegt das maximale Eintrittsalter sogar bei **81 Jahren** und der späteste Beginn des Rentenalters bei 83 Jahren.

 Legen Sie sich bei Abschluss des Rürup-Vertrags nicht sofort auf einen sehr späten Renteneintritt fest, schließlich können jederzeit gesundheitliche Probleme auftreten. Sinnvoller ist es, einen flexiblen Renteneintritt zu vereinbaren.

Rürup-Verträge werden als **klassische Rentenversicherung, fondsgebundene Rentenversicherung** oder als **Fondssparplan** angeboten. Bei der klassischen Rentenversicherung werden die Beiträge der Versicherten zum überwiegenden Teil in verzinsliche Anlagen investiert.

Wie bei der Riester-Versicherung oder der privaten Rentenversicherung gibt es auch bei der Rürup-Rentenversicherung eine **Garantieverzinsung,** die sich nach dem Jahr des Vertragsabschlusses richtet und für die gesamte Dauer der Vertragslaufzeit gilt. Sie sinkt bei Neuabschluss ab 1.1.2022 auf nur noch 0,25 % auf den nach Abzug der Kosten verbleibenden Sparanteil der Rürup-Beiträge.

Erwirtschaftet der Versicherer mehr als die Garantieverzinsung, werden die Versicherten in Form von zusätzlichen **Gewinngutschriften** (Überschussbeteiligung genannt) daran beteiligt.

Eine Beitragserhaltgarantie wie bei der Riester-Rente gibt es aber nicht. Das zur Zahlung der Rürup-Renten dienende Rürup-Kapital kann also am Ende der Beitragslaufzeit auch **niedriger** als die Beitragssumme ausfallen, z.B. wegen hoher Vertriebs- und Verwaltungskosten.

Bei der fondsgebundenen Rentenversicherung und dem Fondssparplan wird das Geld der Versicherten in Investmentfonds (vor allem Aktienfonds bzw. Aktien-ETFs) angelegt. Bei dieser fondsgebundenen Rürup-Rentenversicherung bzw. dem Rürup-Fondssparplan gibt es keine Garantieverzinsung. Das Ergebnis der Police hängt vielmehr von der Wertentwicklung der Investmentanteile und der Höhe der Kosten ab. Der Versicherte trägt das **Verlustrisiko** ganz alleine.

Wie die gesetzliche Rente ist auch die in § 10 Abs. 1 Ziffer 1b EStG geregelte Rürup-Rente nicht vererblich, nicht übertragbar, nicht beleihbar, nicht veräußerbar und auch nicht kapitalisierbar. Infolge dieser Einschränkungen ist sie z.B. nicht so flexibel wie eine private Rentenversicherung mit Kapitalwahlrecht oder eine Riester-Rente, bei der zumindest 30 % des Riester-Kapitals zum Rentenbeginn zulagen- und steuerunschädlich entnommen werden können. Da der Rürup-Vertrag nicht gekündigt werden kann und auch keine Kapitalauszahlung vorsieht, kommt es in der Auszahlungsphase ausschließlich auf die Höhe der Rürup-Rente an. Tatsächlich hat die Rürup-Rente schon von der Entstehungsgeschichte her mit der gesetzlichen Rente viel mehr gemeinsam als mit der Riester-Rente. Sie gehört wie die gesetzliche Rente zur **Basisversorgung in der ersten Schicht der Altersvorsorge**.

Für die Basis- bzw. Rürup-Rente gelten die exakt **gleichen Steuerregeln** wie für die gesetzliche Rente, also z.B. der steuerliche Höchstbetrag in 2021 von 25.787,– € bzw. 51.574,– € für Altersvorsorgeaufwendungen bei Alleinstehenden bzw. zusammen veranlagten Verheirateten gem. § 10 Abs. 3 EStG.

6.2 Steuerregeln wie bei der gesetzlichen Rente

Was die **Besteuerung** betrifft, bietet das **Drei-Schichten-Modell**, das dem Alterseinkünftegesetz von 2005 zugrunde liegt, eine gute Orientierung. Die Rürup-Rente gehört zu ersten Schicht der Altersvorsorge. In dieser **ersten Schicht** (gesetzliche Rente, berufsständische Rente und Rürup-Rente) erfolgt eine **schrittweise Erhöhung** des steuerfreien Anteils in der Beitragsphase und des steuerpflichtigen Anteils in der Rentenphase.

Die gezahlten Beiträge sind zwischen 60 % im Jahr 2005 und 100 % ab 2025 im Rahmen des steuerlichen Höchstbetrags für **Altersvorsorgeaufwendungen** nach § 10 Abs. 3 EStG steuerlich abzugsfähig. Andererseits werden die Renten in Abhängigkeit vom Alter bei Rentenbeginn zwischen 50 % (Rentenbeginn im Jahr 2005) und 100 % (Rentenbeginn ab 2040) besteuert.

Im Jahr 2021 liegt der steuerlich abzugsfähige Anteil des Rürup-Beitrags z.B. bereits bei 92 %, während der steuerpflichtige Anteil der Rürup-Rente bei Rentenbeginn im Jahr 2021 noch bei 81 % verharrt. Diese Asymmetrie eröffnet **steuerliche Vorteile** für eine **Rürup-So-**

Rürup-Rente: Steuervorteile bei der Einzahlung | 6

fortrente gegen Einmalbeitrag. Wer im Jahr 2021 z.B. 20.000,– € auf einen Schlag in eine klassische Rürup-Rentenversicherung einzahlt, kann 92 % davon und somit 18.400,– € steuerlich abziehen. Andererseits müsste er eine ab Dezember 2021 beginnende Rürup-Rente in Höhe von z.B. 800,– € im Monat nur zu 81 % und damit in Höhe von 648,– € versteuern. Per saldo wären also 17.752,– € steuerlich im gleichen Jahr abziehbar.

Steuerlicher Höchstbetrag für Altersvorsorgeaufwendungen

Gefördert wird die Rürup-Rente durch Steuervorteile im Rahmen des § 10 EStG. Zu den steuerlich besonders begünstigten Aufwendungen der ersten Schicht der Altersvorsorge zählen:

- Beiträge zur **gesetzlichen Rentenversicherung,**
- Beiträge für eine private **Rürup-Rente,**
- Beiträge für **berufsständische Versorgungseinrichtungen,** die der gesetzlichen Rentenversicherung vergleichbare Leistungen erbringen, und
- Beiträge an **landwirtschaftliche Alterskassen.**

Der **Höchstbetrag** der steuerlich absetzbaren Altersvorsorgeaufwendungen von **25.787,– €** für Alleinstehende bzw. **51.574,– €** für Verheiratete im Jahr 2021 steigt ab 2022 weiter, sofern Gesamtbeitragssatz und/oder Beitragsbemessungsgrenze in der knappschaftlichen Rentenversicherung weiter steigen. Der Höchstbetrag für steuerlich abzugsfähige Altersvorsorgeaufwendungen wird also dynamisiert.

Wichtig: Bei sozialversicherungspflichtigen Arbeitnehmern vermindert sich der steuerliche Höchstbetrag um den Gesamtbeitrag zur gesetzlichen Rentenversicherung, z.B. um bis zu 15.847,20 € (= 18,6 % von 85.200,– € Beitragsbemessungsgrenze in der gesetzlichen Rentenversicherung West) im Jahr 2021. Ähnliches gilt für nicht sozialversicherungspflichtige Beamte, bei denen ein fiktiver Beitrag von 18,6 % des Jahresbruttogehalts bis zur Beitragsbemessungsgrenze

Ost von 80.400,– € abgezogen werden muss. Freiberufler müssen den Gesamtbeitrag zur berufsständischen Versorgung vom steuerlichen Höchstbetrag abziehen.

Der **verbleibende Höchstbeitrag** (also der Höchstbetrag nach Abzug von tatsächlichen oder fiktiven Beiträgen zur gesetzlichen Rentenversicherung bzw. nach Abzug von Beiträgen zur berufsständischen Versorgung) kann für freiwillige Beiträge zur Rürup-Rente oder zur gesetzlichen Rente genutzt werden. Er ist ab dem Jahr 2025 steuerlich voll abzugsfähig. Im Jahr 2021 sind es 92 % und in den Jahren 2022 bis 2024 bereits 94 bis 98 %.

Besteuerungsanteil der Rürup-Rente

Die Rürup-Rente wird genauso besteuert wie die gesetzliche Rente. Wer die Rürup-Rente oder gesetzliche Rente z. B. ab **2022** bezieht, muss **82 %** der Bruttorente versteuern. Anschließend steigt der Besteuerungsanteil jedes Jahr um jeweils einen Prozentpunkt bis zu 100 % bei Rentenbeginn ab 2040. Rürup-Renten und gesetzliche Renten werden also beim Rentenbeginn ab dem Jahr 2040 voll besteuert. Von der Jahresbruttorente wird lediglich eine jährliche Werbungskostenpauschale von 102,– € abgezogen.

Laufende Rentenerhöhungen, die sich bei der dynamischen Rürup-Rente sowie bei der gesetzlichen Rente infolge Rentenanpassungen am jeweiligen 1. Juli eines Jahres ergeben, sind immer in vollem Umfang steuerpflichtig. Bei Rentenbeginn ab 2040 werden sowohl die anfängliche Rürup-Rente oder gesetzliche Rente als auch sämtliche darauf folgenden Rentensteigerungen voll besteuert. Die Steuerregeln für die Rürup-Rente sind denen bei der gesetzlichen Rente vollständig nachgebildet und somit im Prinzip **bis auf die folgende Besonderheit** identisch.

Lediglich für Pflichtbeiträge in der gesetzlichen Rentenversicherung, die von Arbeitgeber und Arbeitnehmer zu gleichen Teilen aufgebracht werden, gilt eine Sonderregelung. Der **Arbeitgeberanteil** zur gesetzlichen Rentenversicherung ist immer steuerlich **voll abzugsfähig**. Dadurch steigt der Besteuerungsanteil für den Arbeitnehmeranteil zur gesetzlichen Rentenversicherung von anfangs 20 % im Jahr 2005 in jährlichen Schritten von vier Prozentpunkten auf z.B. 60 % im Jahr 2015 oder 80 % im Jahr 2020 (statt 90 % für Rürup-Beiträge und freiwillige Beiträge zur gesetzlichen Rente) und bis auf 100 % in 2025 an. Erst ab 2025 sind alle Rürup-Beiträge sowie Pflichtbeiträge und freiwilligen Beiträge zur gesetzlichen Rente zu 100 % steuerlich abzugsfähig.

6.3 Klassische Rürup-Rentenversicherung

Die weitverbreitete These, dass sich die klassische Rürup-Rentenversicherung vor allem für **ältere Besserverdiener** eignet, ist falsch. Tatsächlich ist die **gesetzliche Rente aus freiwilligen Beiträgen** gerade für die Gruppe 50plus die weitaus bessere Alternative. Das gilt insbesondere für privat krankenversicherte und nicht in der gesetzlichen Rentenversicherung pflichtversicherte Selbstständige, Freiberufler und Beamte mit einem Alter ab 50 Jahren. Für diese Altersgruppe mit einem überdurchschnittlich hohen Einkommen gilt die These: »Gesetzliche Rente schlägt Rürup-Rente«.

=== **Klassische Rürup-Rente für jüngere und sicherheitsorientierte Sparer**

Etwas anderes gilt für jüngere und gesetzlich krankenversicherte Arbeitnehmer und Selbstständige. Hier kann eine klassische Rürup-Rente für sicherheitsorientierte und auf Rentengarantien setzende Sparer noch überlegenswert sein.

 Ein am 1.5.1981 geborener Arbeitnehmer zahlt ab seinem 40. Geburtstag im Jahr 2021 jährlich 6.000,– € über 27 Jahre in eine Rürup-Rente ein. Die garantierte Rürup-Rente beim kostengünstigen Direktversicherer Europa liegt nach einer 27-jährigen Beitragsdauer und einer Beitragssumme von 162.000,– € vor Steuern ab Rentenbeginn zum 1.5.2048 bei monatlich 566,86 €

einschließlich einer 10-jährigen Rentengarantiezeit. Die mögliche dynamische Rürup-Rente läge bei 776,96 € plus jährlicher Rentensteigerungen, falls die Überschussbeteiligung auch künftig auf der aktuellen Höhe bliebe.

Zwar würde die Beitragssumme durch die garantierten Rürup-Renten erst nach knapp 24 Jahren erreicht (dann wäre der Rürup-Rentner fast 91 Jahre alt), aber die Summe der möglichen dynamischen Rürup-Renten ohne jährliche Rentensteigerung läge bereits nach 20 Jahren bei rund 186.470,- € vor Steuern und damit zumindest 15 % über der Beitragssumme vor Steuern. Die Rendite der Rürup-Rente würde deutlich steigen, wenn die individuelle Steuerprogression (Grenzsteuersatz) in der Aktivphase deutlich höher wäre im Vergleich zur Rentenphase (z.B. 42 % als Arbeitnehmer im Vergleich zu nur 30 % als Rentner).

Zu ähnlichen Ergebnissen würde der Neuabschluss im Jahr 2021 beim ebenfalls kostengünstigen Direktversicherer HUK24 führen. Dort wird eine **monatliche Rürup-Rente von 541,54 €** garantiert und von voraussichtlich 797,88 € für möglich gehalten. Erfolgt der Neuabschluss jedoch erst ab 2022, wird die Höhe der garantierten Rürup-Renten wegen des auf nur noch 0,25 % sinkenden Garantiezinssatzes weiter fallen.

Die von der Stiftung Warentest herausgegebene Zeitschrift **Finanztest** hat Ende 2016 nur drei Anbietern von klassischen Rürup-Rentenversicherungen (Europa, HanseMerkur und HUK24) die **Note »gut«** erteilt. Die garantierten Rürup-Renten lagen im gleichen Musterfall (ab 40. Lebensjahr Beiträge von jährlich 6.000,- € bis zum Rentenbeginn mit 67 Jahren) bei 640,- € bis 647,- € und damit rund 15 % über den obigen Renten, da noch mit dem damaligen Garantiezins von 1,25 % gerechnet wurde.

Das Internetportal **Finanztip** empfahl im Jahr 2019 die drei Direktversicherer Europa, HUK24 und Hannoversche für den Abschluss einer klassischen Rürup-Rentenversicherung wegen der geringen Effektivzinskosten von nur 0,9 % pro Jahr.

Rürup-Rente: Steuervorteile bei der Einzahlung | 6

 Sind Sie Arbeitnehmer, jünger als 50 Jahre, gesetzlich krankenversichert und zählen Sie zu den Höherverdienern mit einer hohen Steuerprogression in der Aktivphase, kann die klassische Rürup-Rente für Sie interessant sein. Dies gilt mit Einschränkungen auch für jüngere Beamte, Freiberufler und Selbstständige, falls sich freiwillige Beiträge zur gesetzlichen Rente wegen der ab 2025 steigenden Beitragssätze und des gleichzeitig sinkenden Rentenniveaus künftig weniger lohnen werden.

Angesichts der anhaltenden **Niedrigzinsphase** ist eine klassische Rürup-Rentenversicherung vor Steuern zurzeit allerdings **nicht mehr attraktiv.** Da die Versicherer mit einer extrem langen Lebenserwartung kalkulieren, fallen die garantierten Rürup-Renten recht mager aus. Die möglichen Rürup-Renten unter Einrechnung der Überschussbeteiligung stehen nur auf dem Papier. Meist wird noch mit einem laufenden Zins von 2 bis 3 % gerechnet. Dabei ist aber zu beachten, dass dieser laufende Zins in den letzten Jahren bereits ständig gesunken ist und in Zukunft möglicherweise weiter sinken wird.

Klassische Rürup-Rente für Senioren

Oft wird behauptet, dass eine klassische Rürup-Rente vor allem für gut verdienende Arbeitnehmer kurz vor dem Ruhestand bzw. für wohlhabende Senioren mit hohem Steuersatz besonders geeignet sei. **Arbeitnehmer,** die auf den Ruhestand zugehen (z.B. heute 60-Jährige), profitieren steuerlich von der höheren Abzugsfähigkeit der Rürup-Beiträge (z.B. im Durchschnitt 96 % bei insgesamt fünf Beitragsjahren von 2021 bis 2025 beim Jahrgang 1961) im Vergleich zum Besteuerungsanteil der ausgezahlten Rürup-Rente in Höhe von nur 85 % bei Rentenbeginn ab 2025.

Wer z.B. als 60-Jähriger beim kostengünstigen Direktversicherer Europa jährlich 12.000,– € in die klassische Rürup-Rentenversicherung über fünf Jahre bis zum Rentenbeginn mit 65 Jahren und somit insgesamt **60.000,– €** vor Steuern einzahlt, kann mit einer garantierten Rürup-Rente von monatlich **196,50 €** brutto bei Neuabschluss im Jahr 2021 rechnen. Erst nach gut **25 Jahren,** also im Alter von 90 Jahren, wären die gezahlten Beiträge wieder reingeholt.

Günstiger sieht das allerdings aus steuerlicher Sicht aus. Die **Nettobeitragssumme** fällt auf **35.808,– €** nach Steuern beim Grenzsteuersatz von 42 % und die Netto-Rürup-Rente sinkt bei einem persönlichen Steuersatz von nur noch 30 % im Alter auf **137,55 €.** Nun dauert es nur noch knapp **22 Jahre,** bis die gezahlten Nettobeiträge über die Netto-Rürup-Renten wieder zurückfließen. Noch günstiger kann die Rechnung aussehen, sofern mit der dynamischen Rürup-Rente von 205,73 € plus Rentensteigerung oder der flexiblen Rürup-Rente von 256,91 € inklusive Überschüssen gerechnet wird.

Alle Berechnungen gehen davon aus, dass der Rürup-Rentner in der Krankenversicherung der Rentner (KVdR) gesetzlich krankenversichert oder privat krankenversichert ist. In diesem Fall werden von der Rürup-Rente keine Beiträge zur Kranken- und Pflegeversicherung abgezogen. Eine böse **Rentenfalle** lauert jedoch für **freiwillig gesetzlich krankenversicherte Rürup-Rentner.** Sie müssen damit rechnen, dass ihre Rürup-Rente beitragspflichtig wird.

Rentennahe Arbeitnehmer, die eine abschlagspflichtige gesetzliche Rente mit 63 Jahren anpeilen, sollten die Rürup-Rente mit der Zusatzrente aus Sonderzahlungen zum **Ausgleich von Abschlägen bei der gesetzlichen Rente** vergleichen. Wer z.B. fünf Teilzahlungen à 12.000,– € pro Jahr in den fünf Beitragsjahren von 2021 bis 2025 leistet, gleicht einen monatlichen Rentenabschlag von brutto 232,– € aus. Auch nach Abzug des Beitrags zur gesetzlichen Kranken- und Pflegeversicherung in Höhe von 11 % des Rentenabschlags bliebe noch eine Zusatzrente von 206,– € übrig.

Pensionsnahe Beamte und rentennahe Selbstständige könnten freiwillige Beiträge zur gesetzlichen Rente leisten, da sie nicht pflichtversichert sind. Sofern sie privat krankenversichert sind, wird die gesetzliche Rente inklusive rund 8 % Zuschuss zur privaten Krankenversicherung auf jeden Fall **höher** als die klassische Rürup-Rente ausfallen.

Rentennahe Arbeitnehmer schneiden mit Sonderzahlungen zum Ausgleich von Rentenabschlägen in der gesetzlichen Rentenversicherung möglicherweise besser ab als mit Beiträgen zur klassischen Rürup-Rentenversicherung. Für pensionsnahe und privat krankenversicherte Beamte bringen freiwillige Beiträge zur gesetzlichen Rente mehr ein im Vergleich zu Beiträgen bei der klassischen Rürup-Rente.

6.4 Fondsgebundene Rürup-Rentenversicherung

Eine fondsgebundene Rürup-Rentenversicherung, die vor allem auf Aktienfonds setzt, verspricht **höhere Rürup-Renten**. Allerdings kann es keine garantierten Rürup-Renten geben. Die Höhe der Fondsrenten hängt von der Wertentwicklung und zudem stark von den Vertriebs- und Verwaltungskosten ab.

Hier zunächst ein Beispiel für die Rürup-Fondspolice der schweizerischen **Helvetia CleVestro:** Bei einem heute 40-jährigen Mann, der 27 Jahre lang 6.000,- € pro Jahr einzahlt und auf eine Beitragssumme von **162.000,- €** kommt, und einer angenommenen Wertentwicklung von 6 % pro Jahr soll die dynamische Rürup-Fondsrente bei monatlich **1.191,- €** inklusive nicht garantierter Überschussbeteiligung liegen. Das fiktive Rürup-Kapital liegt bei 405.169,- € vor Kosten und 356.569,- € nach Kosten. Die auf 48.600,- € geschätzten **Gesamtkosten** machen immerhin **30 %** der Beitragssumme aus.

Kostengünstigere Angebote zu Rürup-Fondspolicen kommen z.B. von **Europa, Condor** und **DWS**. Laut »Finanztip« liegen die Effektivkosten in der Spanne von 0,9 % (Condor) bis 1,7 % (DWS) pro Jahr. Die Fondspolice von Condor kann nur über Makler abgeschlossen werden.

Niedrigere Kosten bei Rürup-Fondspolicen mit ETFs

Um die Kosten bei den meist teuren Rürup-Fondspolicen nach unten zu drücken, empfiehlt es sich, die laufenden Beiträge in ein **ETF-Portfolio** zu stecken. Das **VermögensZentrum (VZ)** in München bringt dazu ein Beispiel für einen 30-jährigen Mann, der 30 Jahre lang jeweils 6.000,- € an Rürup-Beiträgen zahlt und somit auf eine Beitragssumme von 180.000,- € kommt.

Bei einer Fondspolice mit ETFs und einer Wertentwicklung von 4 % pro Jahr ist ein Rürup-Kapital von 283.370,- € zu erwarten im Vergleich zu nur 222.629,- € bei einer Police mit gemanagten Investmentfonds. Die **Anlagerendite** nach Kosten liegt bei **2,9 %** pro Jahr für die Police mit ETFs und nur 1,9 % im anderen Fall.

Die **Gebühr** für die Vermögensanlage mit ETFs macht beim VermögensZentrum **1,1 %** pro Jahr in Prozent des Anlagevolumens aus im Vergleich zu 2,1 % bei den gemanagten Fonds. An Vertriebs- und Verwaltungskosten fallen insgesamt nur 720,- € bei der Fondspolice mit ETFs an im Vergleich zu 15.489,- € bei den gemanagten Fonds.

6.5 Rürup-Fondssparplan mit ETFs

Am kostengünstigsten ist ein Rürup-Fondssparplan mit ETFs, der über die Sutor Bank exklusiv für die Raisin Pension GmbH angeboten und verwaltet wird. Dieser auch kurz als **ETF Rürup** bezeichnete Fondssparplan Raisin Pension ist in Deutschland der erste Rürup-Fondssparplan mit freier ETF-Auswahl unter mehr als 100 ETFs.

Der Rürup-Fondssparplan **ETF Riester** zeichnet sich durch besonders niedrige Kosten in der Ansparphase (Grundgebühr 36,- € plus 0,4 % pro Jahr auf das Vertragsguthaben und laufende Fondskosten von 0,05 bis 0,85 % pro Jahr je nach ETF-Auswahl) und in der Rentenphase (einmalige Verwaltungskosten von 0,5 % auf das Rürup-Kapital plus laufend 1,8 % pro Jahr auf die Rürup-Renten) aus.

Es gibt keine Abschluss- und Vertriebskosten und keine Ordergebühren. Ausgabeaufschläge, Transaktionskosten oder Bestandsprovisionen fallen ebenfalls weg. Üblicherweise liegen die Effektivkosten unter 0,7 % pro Jahr. Bei Wechsel von einem alten Anbieter zu **ETF Rürup** von Raisin Pension werden Wechselkosten bis zu 150,- € erstattet.

Besonderheiten bei ETF Rürup von Raisin Pension

Der Rürup-Fondssparplan von Raisin Pension hieß zunächst »**Fairrürup**« und wurde von dem Start-up-Unternehmen Fairr aus der Taufe gehoben ebenso wie der Riester-Fondssparplan »Fairriester«. Da »Fairriester« die Garantie des Kapitalerhalts nach dem weltweiten Einbruch der Aktienkurse im Frühjahr 2020 nur noch durch Umschichten aller Aktien-ETFs in Cash einhalten konnte, wurde dieser Riester-Fondssparplan mit ETFs aus dem Markt genommen.

Bei Rürup-Verträgen gibt es aber **keine Kapital- bzw. Beitragserhaltgarantie.** Somit können solche Probleme beim Rürup-Fondssparplan mit ETFs auch gar nicht auftreten. »ETF Rürup« von Raisin Pension hat den »Fairrürup« inzwischen abgelöst. Zur Sutor Bank als Anbieter und Vermögensverwalter für »ETF Rürup« mit dem Produktnamen »Rasin Pension Rürup« gesellt sich noch die Versicherung Mylife für die Absicherung des Langlebigkeitsrisikos in der Rentenphase.

»ETF Rürup« kennt zwar wie alle fondsgebundenen Rentenversicherungen keine garantierten Rürup-Renten. Allerdings **garantiert** er vom Rürup-Kapital, Rentenbeginn und Geburtsjahrgang abhängige **Rentenfaktoren.** Dieser Rentenfaktor für die garantierte monatliche Rürup-Rente bezieht sich immer auf jeweils 10.000,– € Rürup-Kapital.

Beim Jahrgang 1981 mit Rentenbeginn im Jahr 2048 und einem Renteneintrittsalter von 67 Jahren liegt der **garantierte Rentenfaktor** z.B. bei 25,64 €. Er sinkt bei Rentenbeginn mit 62 Jahren wegen der längeren Lebenserwartung auf 22,48 € pro 10.000,– € Rürup-Kapital. Der Rentenbeginn ist bei »ETF Rürup« frei wählbar zwischen 62 und 83 Jahren und ist immer der erste Tag des ersten Monats nach dem jeweils vollendeten Lebensjahr. Frei wählbar ist auch das Eintrittsalter für den Vertrag über »ETF Rürup«, wobei das Höchsteintrittsalter bei 81 Jahren liegt.

Mögliche Szenarien für fiktives Rürup-Kapital und garantierte Rürup-Rente

Bei Annahme eines jährlichen Rürup-Beitrags von 6.000,– € und einer 27-jährigen Beitragsdauer für einen heute 40-Jährigen liegt die **Beitragssumme** vor Steuern bei **162.000,– €**. Im mittleren Szenario ist mit einem **Rürup-Kapital** von **438.880,– €** zu rechnen, sofern alle historischen Zeiträume von 27 Jahren für Aktien seit dem Jahr 1900 zugrunde gelegt werden. Wenn dieses fiktive Endkapital dann verrentet würde, könnte man mit einer garantierten **Rürup-Rente** von monatlich **1.125,– €** rechnen (= 43,888 × garantierter Rentenfaktor 25,64 € bei Renteneintritt mit 67 Jahren). Bezogen auf das fiktive Rürup-Kapital würde die Kapitalrendite nach Kosten 6,5 % pro Jahr ausmachen.

Im Bestfall wäre sogar ein **Rürup-Kapital** von **923.189,– €** mit einer fiktiven Kapitalrendite von 10,8 % pro Jahr und damit eine monatliche Rürup-Rente von **2.367,– €** drin.

Auf **188.293,– €** würde das **Rürup-Kapital** im schlechtesten Fall sinken, was dann eine fiktive Kapitalrendite von 1,1 % pro Jahr bedeuten und eine **Rürup-Rente** von nur **483,– €** im Monat nach sich ziehen würde.

Die garantierten Rentenrenditen pro Jahr fallen deutlich niedriger aus, wenn zu ihrer Berechnung die jährlichen Rürup-Beiträge von jeweils 6.000,– € für 27 Jahre und die garantierten Rürup-Renten bei einer ferneren Lebenserwartung von 20,17 Jahren laut Statistischem Bundesamt ab dem 67. Lebensjahr für einen heute **40-jährigen Mann** zugrunde gelegt werden. Im mittleren Szenario mit 27 Beitragsjahren à 6.000,– € und gut 20 Rentenjahren à 13.500,– € im Jahr würde die garantierte **Rentenrendite** nur **2,2 %** pro Jahr vor Steuern ausmachen. Nach Steuern würde sie jedoch steigen, da der persönliche Steuersatz im Rentenalter typischerweise deutlich unter dem persönlichen Steuersatz in der Aktivphase liegt.

Mit 2,6 % pro Jahr etwas höher liegt die garantierte Rentenrendite vor Steuern im mittleren Szenario für eine heute **40-jährige Frau,** da sie die Rürup-Rente wegen der auf 22,86 Jahre steigenden ferneren Lebenserwartung zumindest nach der Statistik fast drei Jahre länger beziehen könnte.

6.6 Wann sich die Rürup-Rente lohnen kann

Für wen sich die Rürup-Rente tatsächlich rechnet und wer davon besonders profitieren kann, hängt von mehreren Kriterien ab. Eine pauschale Antwort kann es nicht geben. Wie so häufig kommt es immer auf die **Beurteilung im Einzelfall** an.

> **Sechs Kriterien zur Prüfung, ob sich die Rürup-Rente für Sie lohnt**

(1) **Beruflicher Status:** rentenversicherungspflichtige Arbeitnehmer oder nicht-rentenversicherungspflichtige Beamte, Freiberufler und Selbstständige. Frage: Sind Sie in der gesetzlichen Rentenversicherung versicherungspflichtig oder nicht?

(2) **Wirtschaftliche Entwicklung:** Lohnsteigerungen oder Zins- und Kursniveau am Kapitalmarkt. Frage: Setzen Sie mehr auf Lohnzuwächse oder mehr auf Zins- und Aktienkurssteigerungen?

(3) **Zinsanlagen oder Aktienfonds:** Geldwertanlagen (z.B. Anleihen) oder Sachwertanlagen (z.B. Aktien und Immobilien). Frage: Setzen Sie mehr auf die klassische Rürup-Versicherung mit Zinsanlagen, die fondsgebundene Rürup-Versicherung oder den Fondssparplan mit Aktienfonds bzw. Aktien-ETFs?

(4) **Alter:** Jüngere (z.B. 35 bis 49 Jahre alt) oder Ältere (ab 50 Jahre). Frage: Sind Sie noch relativ jung (unter 50) oder schon älter (50plus)?

(5) **Einkommen:** hohes, mittleres oder niedriges zu versteuerndes Einkommen bzw. Spitzen-, Höher- oder Durchschnittsverdiener. Frage: Erzielen Sie ein relativ hohes Einkommen oder nicht?

(6) **Individuelle Steuerprogression bzw. Grenzsteuersatz:** hoch, mittel oder niedrig bzw. Vergleich von Grenzsteuersatz in Aktivphase und Rentenphase. Frage: Haben Sie einen hohen Steuersatz oder nicht?

Argumente pro Rürup-Rente

Die Rürup-Rente kann sich für Sie lohnen, wenn Sie zu einer der folgenden **beiden Gruppen** zählen:

- **Jüngere** (unter 50 Jahre alt, also im Jahr 2021 ab Jahrgang 1972), höher verdienende und hoch besteuerte Erwerbstätige, die mehr auf künftige Kurssteigerungen bei Aktien setzen als auf Lohnsteigerungen.
- **Ältere** (50- bis 59-Jährige, also Jahrgänge 1962 bis 1971 im Jahr 2021) und kurz vor oder schon im Ruhestand stehende Senioren (ab 60 Jahre alt, also Jahrgänge bis 1961 im Jahr 2021) mit hohem Einkommen und hoher Steuerprogression, die für Extrabeiträge zur gesetzlichen Rente (Sonderzahlungen zum Ausgleich von Rentenabschlägen oder freiwillige Beiträge als Nicht-Pflichtversicherte) nicht infrage kommen.

Ob Sie der **umlagefinanzierten gesetzlichen Rente** künftig mehr zutrauen als der **kapitalgedeckten Rürup-Rente,** ist fast schon eine Glaubensfrage. Die euphorischen Befürworter einer kapitalgedeckten Rente, die jahrelang zu Unrecht den Niedergang der gesetzlichen Rente herbeigeredet haben, mussten angesichts der seit 2010 anhaltenden Niedrigzinsphase deutlich Federn lassen.

Argumente kontra Rürup-Rente

Wer seine Entscheidung pro oder kontra Rürup-Rente allein unter dem Gesichtspunkt möglicher hoher Steuerersparnisse trifft, verstößt gegen die Grundregel: **Nicht nur nach Steuern steuern.** Am Anfang Ihrer Überlegungen sollten daher die oben genannten ersten vier Kriterien stehen. Erzielbare Steuerersparnisse in der Aktivphase stellen nur das Sahnehäubchen bei Ihrer Entscheidung pro Rürup-Rente dar und dürfen keinesfalls ganz allein im Vordergrund stehen. Wer eine Anlageentscheidung einzig unter steuerlichen Gesichtspunkten trifft und die wirtschaftlichen sowie rechtlichen Knackpunkte darüber vernachlässigt, kann leicht Schiffbruch erleiden.

Gegen die Rürup-Rente spricht auch der Verzicht auf eine Kapitalauszahlung. Wie bei der gesetzlichen Rente handelt es sich bei der privaten Rürup-Rente um eine **lebenslange Rente** und damit letztlich um eine **Wette auf ein längeres Leben**. Wer sehr lange lebt und möglicherweise 100 Jahre alt wird, profitiert. Wer jedoch bereits einige Jahre nach Rentenbeginn verstirbt, hat nichts mehr von seiner Leibrente.

6.7 Anbieterwahl: Die besten Rürup-Rentenversicherungen

Die **Europa Versicherung** bietet bei Vergleichen zur klassischen Rürup-Rentenversicherung wegen der vergleichsweise geringen Abschluss- und Verwaltungskosten die höchsten garantierten Renten. Weitere kostengünstige Direktversicherer sind **HUK 24** und **Hannoversche Leben**.

In allen Tests und Ratings von »Finanztest«, Franke & Bornberg, Biallo und Institut für Finanzen und Vorsorgeplanung (IVFP) lag **Europa** auf den Plätzen 1 oder 2. Unter den besten fünf Rürup-Rentenversicherungen wurde dreimal die **HUK 24** genannt (Platz 1 bei IVFP, Platz 3 bei Franke & Bornberg und Platz 4 bei »Finanztest«).

»**Finanztest**« beurteilte die Rürup-Renten nach Rentenzusage (40 %), Anlageerfolg (40 %), Flexibilität (10 %) und Transparenz (10 %) und listete die ersten drei Plätze wie folgt auf: 1. Europa, 2. Hansemerkur und 3. HUK24.

IVP legte beim Rating der Anbieter von klassischen Rürup-Rentenversicherungen die Kriterien Rendite, Flexibilität und Transparenz zugrunde. Die Reihenfolge der besten fünf Policen lautete bei IVP: HUK24, Europa, Debeka, Allianz und Cosmos.

Bei diesen Vergleichen ging es immer nur um Rürup-Verträge in Form der **klassischen Rürup-Rentenversicherung** mit Garantiezins.

Bei **fondsgebundenen Rürup-Versicherungen** oder **Fondssparplänen** ohne Garantiezins kann die Reihenfolge der besten Anbieter anders aussehen. Von den 2,4 Millionen Rürup-Verträgen entfallen mittlerweile mehr als die Hälfte auf fondsgebundene Rürup-Rentenversicherungen und Rürup-Fondssparpläne.

6.8 Produktwahl: Rürup-Versicherung oder Rürup-Fondspolice?

Seit dem 1.1.2007 können nicht nur Versicherer, sondern auch Fondsgesellschaften Rürup-Renten anbieten. Wie bei der privaten Rentenversicherung und der Riester-Rente gibt es bei der Rürup-Rente neben der klassischen auch die fondsgebundene Variante. Daher sind immer **zwei Arten von Rürup-Renten** zu unterscheiden:

- Die **klassische Rürup-Rente** ist für sicherheitsorientierte Sparer geeignet. Das Kapital wird überwiegend in verzinsliche Anlagen (Anleihen, Schuldscheindarlehen, Geldmarktanlagen) und zu einem kleineren Teil in Immobilien und Aktien sowie alternative Anlageformen investiert. Die **Garantieverzinsung** beträgt für Neuabschlüsse ab dem 1.1.2022 nur noch 0,25 % pro Jahr. Zusätzlich erhält der Riester-Sparer Überschussanteile, die allerdings nicht garantiert sind.

- Für die **fondsgebundene Rürup-Rente** oder für **Rürup-Fondssparpläne** entscheiden sich risikobereite Sparer, die als Ausgleich für höhere Ertragschancen bereit sind, ein höheres Risiko einzugehen. Bei dieser Form der Rürup-Rente wird das Kapital in Anteilen von Investmentfonds – überwiegend Aktienfonds und Aktien-ETFs – angelegt. Eine Garantieverzinsung gibt es bei dieser Policenart nicht, der Versicherte trägt also das Kapitalanlagerisiko. Es gibt die Möglichkeit, Rürup-Fondssparpläne bei Investmentgesellschaften wie Union Investment, DWS oder Deka abzuschließen. Einen besonders kostengünstigen Rürup-Fondssparplan mit ETFs bietet die Sutor Bank exklusiv für die Raisin Pension an. Die Risiken sind vergleichbar mit denen bei fondsgebundenen Rentenversicherungen, die Kosten dagegen niedriger.

Insbesondere **ältere Rürup-Sparer** der Gruppe 50plus werden sich aus Sicherheitsgründen meist für die **klassische Rürup-Rente** entscheiden. Wenn die Rürup-Rente Ihren Lebensunterhalt im Alter sichern und nicht nur ein kleines Zubrot darstellen soll, sollten Sie kein Risiko eingehen und daher nur einen Rürup-Vertrag mit einer Garantieleistung plus Überschussbeteiligung abschließen. Das kann nur eine klassische Rürup-Rentenversicherung leisten. Die Höhe der garantierten Rente bietet dabei eine erste Orientierung. Nach der Absenkung der Garantieverzinsung zum 1.1.2022 auf 0,25 % wird die Bedeutung der nicht garantierten Überschussbeteiligung wieder zunehmen.

Die **Leistungsunterschiede** bei den einzelnen Formen von Rürup-Renten sind deutlich. Außer bei der Höhe der garantierten Renten tut sich auch eine große Kluft bei den Überschussprognosen auf, die die garantierte Rente erhöhen. Unterschiede entstehen z.B. dadurch, dass die einen Anbieter optimistischere Versprechen abgeben, während andere sich bei den Gewinnaussichten eher bedeckt halten.

Für **jüngere Rürup-Sparer** in einem Alter von 30 bis 49 Jahren sind wegen der langen Beitragsdauer insbesondere **fondsgebundene Rürup-Rentenversicherungen** und **Rürup-Fondssparpläne** interessant, die vorzugsweise auf die Anlage in Aktien und Aktien-ETFs setzen. Die Chancen auf eine höhere Rendite sind hierbei im Vergleich zur klassischen Rürup-Rentenversicherung höher. Allerdings werden die höheren Chancen auch durch mehr Risiko erkauft. Eine Garantieverzinsung gibt es bei fondsgebundenen Rürup-Rentenversicherungen und Rürup-Fondssparplänen nicht. Es kann höchstens ein monatlicher Rentenfaktor pro 10.000,– € Rürup-Kapital garantiert werden, der außer der Höhe des am Ende der Beitragsdauer gebildeten Rürup-Kapitals auch vom Renteneintrittsalter und dem Geburtsjahrgang des Rürup-Versicherten abhängt.

Risikobereite Rürup-Sparer könnten sich auch für Rürup-Fondssparpläne der **Canada Life** in Irland begeistern, die höhere Renditen verspricht als die deutschen Anbieter. Allerdings tritt die in Deutschland existierende Auffanggesellschaft Protektor bei Notfällen von ausländischen Versicherern nicht ein.

Beachten Sie: Die angebotene Rürup-Rente muss vom Bundeszentralamt für Steuern **zertifiziert** sein. Mit der Zertifizierung wird für das Finanzamt bindend festgestellt, dass der Vertrag bzw. das entsprechende Vertragsmuster die Voraussetzungen für eine Anerkennung der Abzugsfähigkeit der Beiträge als Altersvorsorgeaufwendungen erfüllt. Mehr aber auch nicht. Das Zertifikat sagt nichts darüber aus, ob der Vertrag wirtschaftlich rentabel ist oder ob die Vertragsbedingungen zivilrechtlich wirksam sind. Dabei handelt es sich also um kein staatliches Gütesiegel. Insbesondere gibt das Zertifikat keine Kapitalgarantie für die eingezahlten Beiträge wie bei der Riester-Rente. Eine garantierte Rente erhalten Sie zudem lediglich bei der klassischen Rürup-Rentenversicherung.

6.9 Rentenwahl: Reine Altersrente oder mit zusätzlicher Hinterbliebenen- oder Erwerbsunfähigkeitsrente?

Die Absicherung gegen das Risiko **Berufsunfähigkeit** kann in einer Rürup-Rente mit eingeschlossen werden. Wer über eine Rürup-Rente auch den Berufsunfähigkeitsschutz abdeckt, kann den hierfür notwendigen Beitrag zum gleichen Anteil **von der Steuer absetzen** wie die Rentenbeiträge. Die Zusatzabsicherung ist aber nur gegen Mehrbeitrag möglich und geht zulasten der späteren Rente. Der Anteil der Zusatzabsicherung darf **höchstens 49,9 % des Gesamtbeitrags** ausmachen.

Die steuerliche Absetzbarkeit gilt auch für den zweiten zusätzlichen Baustein, die **Hinterbliebenenversorgung.** Kunden können gegen einen Mehrbetrag eine Hinterbliebenenabsicherung wählen, allerdings nur für die engsten Familienangehörigen. Das sind der Ehepartner und die im Haushalt lebenden Kinder, für die ein Kindergeldanspruch besteht.

Die Rürup-Rente können Sie also um eine Berufsunfähigkeits- und/ oder Hinterbliebenenabsicherung ergänzen. Beide **Zusatzversicherungen** kosten aber **extra Geld.** Das nagt mächtig an der Rente.

Verzichten Sie möglichst auf diese teuren Zusatzversicherungen. Schließen Sie besser eine eigenständige Berufsunfähigkeitsversicherung (bei Beamten eine Dienstunfähigkeitsversicherung mit spezieller Beamtenklausel) ab und zur Versorgung von Angehörigen eine Risikolebensversicherung. Die dafür fälligen Prämien sind meist deutlich niedriger als im Paket einer Rürup-Rentenversicherung.

Auch für die **Zusatzleistungen** bei der Rürup-Rente sind im Leistungsfall lediglich **Rentenzahlungen** zugelassen. Eine Berufsunfähigkeitsversicherung, die im Invaliditätsfall eine Kapitalleistung vorsieht, ist daher nicht möglich.

Die Beiträge zur Berufsunfähigkeitsversicherung **bis zu knapp 50 %** des gesamten Rürup-Beitrags sind im Rahmen des Höchstbetrags für Altersvorsorgeaufwendungen **steuerlich abzugsfähig.** Es muss sich aber um eine Berufsunfähigkeitsrente für einen Versicherungsfall handeln, der bis zum vollendeten 67. Lebensjahr eingetreten ist.

Der **steuerliche Haken** dabei: Eine Leistung aus einer Berufsunfähigkeitsversicherung, die im Rahmen einer Rürup-Rente oder einer selbstständigen Berufsunfähigkeitsrente abgeschlossen wurde, unterliegt nach dem ab 2014 geltenden § 10 Abs. 1 Ziffer 2 b) bb EStG den gleichen Regeln bei der Besteuerung wie die Rürup-Rente selbst. Das hat erhebliche Konsequenzen auf die Netto-Leistung: Die **Steuerpflicht** vermindert die Berufsunfähigkeitsrente spürbar.

6 | Rürup-Rente: Steuervorteile bei der Einzahlung

Die Rente aus einer normalen selbstständigen Berufsunfähigkeitsversicherung außerhalb von § 10 EStG oder einer Berufsunfähigkeits-Zusatzversicherung z.B. zu einer Risikolebensversicherung unterliegt dagegen als **abgekürzte Leibrente** lediglich der Ertragsanteilbesteuerung. Steuerpflichtig ist dann nur ein kleiner Teil der Rentenzahlung.

Vom Abschluss einer hohen Berufsunfähigkeits-Zusatzversicherung über die Rürup-Rente ist daher auch aus steuerlichen Gründen eher abzuraten. Die Besteuerung der Rürup-Rente führt zu einer niedrigeren Berufsunfähigkeitsrente nach Steuern im Leistungsfall. Zudem führt der Mehrbeitrag für die eingeschlossene Berufsunfähigkeitsversicherung auf jeden Fall zu einer Verringerung der Rürup-Rente im Alter.

6.10 Rürup-Rente im Vergleich zu Riester-, Betriebs- und Privatrente

Kaum jemand hat unbegrenzt Geld, um alle Möglichkeiten der Altersvorsorge auszuschöpfen. Deshalb zum Schluss noch einige Überlegungen, die Ihnen bei der **Entscheidung für eine bestimmte Form der Altersvorsorge** helfen können. Beachten Sie, dass es hierbei immer auf den individuellen Einzelfall ankommt und dass die verschiedenen Formen der Altersvorsorge auch kumuliert werden können.

- Riester-Renten sind im Fall einer hohen Förderquote erste Wahl, das gilt insbesondere für **Familien mit Kindern** sowie Arbeitnehmer und Beamte mit niedrigem Einkommen. Die Förderung mit Zulagen und Steuervorteilen ist auf vergleichsweise niedrige 2.100,– € pro Jahr beschränkt. Der Steuervorteil entspricht dem persönlichen Steuersatz. Die spätere Rente wird mit Ausnahme der freiwillig gesetzlich Versicherten nicht mit Beiträgen zur gesetzlichen Kranken- und Pflegeversicherung belastet. Positiv bei einer Riester-Rente ist auch die Möglichkeit zur **Teilauszahlung** von **maximal 30 %** des angesparten Kapitals zu Beginn des

Ruhestands. Zudem kann das Kapital zur Eigenheimfinanzierung genutzt werden. Allerdings gibt es die Förderung ausschließlich für Arbeitnehmer und Beamte. Für Selbstständige und Freiberufler ohne förderberechtigten Ehegatten kommt die Riester-Rente nicht infrage.

- **Betriebsrenten** in Form der Entgeltumwandlung sind in der Ansparphase attraktiv, weil die vom Arbeitnehmer getragenen Beiträge zur betrieblichen Altersversorgung **sozialabgaben- und steuerfrei** sind. Ab 2022 gibt es auch für Altverträge einen **Zuschuss des Arbeitgebers** in Höhe des von ihm ersparten Anteils zur Sozialversicherung. Seit dem 1.1.2004 müssen Betriebsrentner jedoch in der gesetzlichen Krankenversicherung auch für Kapitalauszahlungen und laufende Versorgungsbezüge aus der betrieblichen Altersvorsorge in Form einer **Direktversicherung** oder **Pensionskasse** Beiträge zur Kranken- und Pflegeversicherung bezahlen. Für Mitglieder der gesetzlichen Krankenversicherung rücken die betrieblichen Altersvorsorgevarianten deshalb auf die hinteren Ränge. Zudem wird die gesetzliche Rente geringer ausfallen, da in Höhe der Entgeltumwandlung keine Beiträge in die gesetzliche Rentenversicherung eingezahlt werden.

- Der besondere Vorteil der **privaten Rente** ist die **niedrige Besteuerung der Rentenzahlung** mit dem Ertragsanteil. So sind bei Rentenbeginn z.B. im Alter von 65 Jahren nur 18 % der Rentenzahlung zu versteuern. Ein weiterer Vorteil der **privaten Rentenversicherung** ist ihre größere **Flexibilität**. Statt der privaten Rente kann das Kapital bei Erreichen des vereinbarten Alters auch auf einen Schlag ausgezahlt werden. Außerdem bleibt das eingezahlte Kapital abzüglich Vertriebs- und Verwaltungskosten im Todesfall während der Ansparphase und – je nach Vereinbarung – sogar nach Beginn der Rentenzahlung den Hinterbliebenen erhalten. Nachteilig ist aber auf jeden Fall, dass Beiträge zu privaten Rentenversicherungen für alle Vertragsabschlüsse ab 2005 steuerlich überhaupt nicht mehr abzugsfähig sind.

Für Arbeitnehmer bietet sich insbesondere ein Vergleich der Renditen nach Steuern zwischen Rürup-Rente und Riester-Rente an. Nach einer Studie der Deutschen Rentenversicherung aus dem Jahr 2015 liegen die **Riester-Renditen nach Steuern** für einen alleinstehenden, männlichen Standardrentner (45 Jahre Durchschnittsverdienst und Riester-Beiträge jeweils in Höhe von 4 % des Durchschnittsverdienstes inklusive Grundzulage) bei **2,8 %** und für die Standardrentnerin wegen der höheren Lebenserwartung bei **3 %** nach Steuern.

Bei dieser Berechnung wurde allerdings von einer recht hohen laufenden Verzinsung von 3,25 % ausgegangen und einer Lebenserwartung nach der aktuellen Sterbetafel des Statistischen Bundesamtes. Im Vergleich zur Riester-Rente kann die **Rürup-Rente** für Arbeitnehmer mit **hohem Verdienst** und hohem individuellem Grenzsteuersatz besser abschneiden.

Der Privatrente aus der privaten Rentenversicherung ist die Rürup-Rente allein schon wegen der steuerlichen Abzugsfähigkeit der Rürup-Beiträge überlegen. Ob sie auch die aus einer Gehalts- bzw. Entgeltumwandlung stammende **Betriebsrente** schlägt, hängt vor allem davon ab, wie hoch der **Zuschuss des Arbeitgebers** ist.

Generelle Vergleiche mit der Riester-, Betriebs- und Privatrente greifen aber zu kurz. Für nicht in der gesetzlichen Rentenversicherung pflichtversicherte Beamte, Freiberufler und Selbstständige sind **freiwillige Beiträge zur gesetzlichen Rente** oft die bessere Alternative. Da die Steuerregeln für gesetzliche Rente und Rürup-Rente völlig gleich sind, kommt es beim Vergleich von Rürup-Rente und gesetzlicher Rente aus freiwilligen Beiträgen ausschließlich auf die absolute Rentenhöhe bzw. Beitrags- bzw. Produktrendite vor Steuern an.

Index

A

Alterseinkünftegesetz 11

Altersentlastungsbetrag 33

Altersvermögen 13

Altersvermögensgesetz 11

Anlegertypen 16, 105

B

Betriebsrente 7, 69
- Arbeitgeberzuschuss 73, 81
- Beitragszusage 87
- Beitragszusage mit Mindestleistung 92
- Besteuerung 33
- Durchführungswege 70
- Entgeltumwandlung 73
- Kapitalübertragung 94
- Leistungszusage 87
- Nachteile der Entgeltumwandlung 85
- Opting-Out 87
- Sozialpartnermodell 72
- Sozialversicherung 82
- Vergleich mit Rürup- und Privatrente 174

G

Gesetzliche Rente 7
- Ausgleich von Abschlägen 162
- Ausgleich von Rentenabschlägen 49
- Besteuerung 30, 156
- digitale Rentenübersicht 18
- Erwerbsminderungsrente 38
- freiwillige Beiträge 38, 56, 159
- Krankenversicherung der Rentner 21
- Leibrente 154
- Nachzahlungsbeiträge 55
- Rendite 63, 65, 168
- Rente für besonders langjährig Versicherte 39
- Rente für langjährig Versicherte 40, 45
- Rentenauskunft 16, 53
- Rentenbesteuerung 27
- Renteninformation 16
- Schwerbehinderung 43, 47
- Steuerabzug für Beiträge 28

I

Immobilienrente 20, 111

K

Krankenversicherung der Rentner 21

P

Privatrente 7, 97
- Fondspolice 99, 101
- Immobilienrente 111
- Kapitalauszahlung 109
- Sofortrente 100
- Vergleich mit Rürup- und Betriebsrente 174
- Zeitrente bei Auszahlplan 117

R

Rentenbesteuerung 27

Rentenlücke 13

Riester-Rente 7, 125
- Banksparplan 147
- Besteuerung 33
- betriebliche Altersversorgung 149
- Fondssparplan 141
- Formen 137
- Kapitalerhaltgarantie 134
- Rentenversicherung 138
- Steuerförderung 126
- Wohn-Riester 148
- Zulagenförderung 126

Rürup-Rente 7, 153
- Anbieterwahl 169
- Besteuerung 30
- Fondspolice 163
- Fondssparplan 164
- Leibrente 154
- Produktwahl 170
- Rendite 167
- Rentenversicherung 159
- Rentenwahl 172
- Steuerabzug für Beiträge 28
- Vergleich mit Betriebs- und Privatrente 174

V

Versorgungsbedarf im Ruhestand 12

Notizen | Anhang

Anhang | Notizen